Gestatten: Callgirl – Die Freiheit nehm ich mir

Lust & Gewinn! Der Bericht.

Mona Gasser

Gestatten: Callgirl – Die Freiheit nehm ich mir

Lust & Gewinn!
Der Bericht.

GATZANIS

Die Autorin: *Mona Gasser ist Callgirl. Sie hat nicht nur sämtliche Bereiche im Berufsfeld der Prostitution durchlebt, sondern fand auch Zeit, um neben dieser Tätigkeit das Studium der Betriebswirtschaft zu absolvieren.*

Deutsche Erstausgabe

Umschlaggestaltung und Satz: AC, Stuttgart
Druck: Maisch & Queck, Stuttgart-Gerlingen

Printed in Germany
ISBN 3-9803897-6-6

Für alle Männer und alle Frauen, die mehr über das wahre Leben eines Callgirls wissen wollen.

Inhalt

Kapitel 1

Das vorab

Nuttenelend, Nuttenklage? Nein, mein Buch ist keine düster traurige, freudlose Nuttengeschichte. Dafür aber ist es wahr. Ich, Mona Gasser, Prostituierte seit einigen Jahren und nach wie vor, berichte schlicht nur über das, was die Freier von mir verlangen, was ich ihnen biete und was ich dabei empfinde.

Ich bin Callgirl, na und? Ich bin vor allem eine Frau, der es gelungen ist im Grunde ein freier Mensch zu bleiben, das Leben zu meistern. Ich bin eine Frau mit starken Gefühlen, wachem Verstand und mit Spaß am Sex und mit Freude am Leben. Ist das „normal" für eine, die sich als Prostituierte den Lebensunterhalt verdient? Für mich ist es normal. Damit Klarheit besteht: Ich beschönige und umschreibe nichts. Was ich berichte, fällt deshalb oft recht drastisch aus. Pornografie? Nein, das ist es nicht. Pornografie, das denken sich Männer für Männer aus. Was ich schreibe, ist die nackte Wahrheit, ist das, was ich zu sehen bekomme und zu machen habe. Kann sein, daß allein schon die Tatsache, daß ich gerne Callgirl bin, daß mir meine Tätigkeit oft sogar Spaß macht, als „pornografisch" bewertet wird. Es ist doch eine Schweinerei, wenn eine Frau aus freien Stücken Nutte wird, wenn sie gerne Nutte ist, wenn sie das Liebemachen für Geld als hochanständige, durchaus ehrenhafte Erwerbstätigkeit betrachtet... Ich tue das.

Ich behaupte: Nutte werden, Nutte sein ist kein Abstieg. Noch etwas behaupte ich: Ein Nuttenleben muß nichts Dramatisches an sich haben. Selbstverständlich befindet man sich in der Gefahr, Opfer krimineller Elemente zu werden. Am meisten gefährdet sind die Prostituierten auf dem Straßenstrich, am wenigsten sind es die Callgirls. Ein einigermaßen kleveres Callgirl wird schwerlich kriminellen Abzockern, Zuhältern in die Hände fallen, es sei denn, sie hat eine Schwäche für solche Typen. Ich behaupte das alles nicht bloß, ich beschreibe und beweise es in meinem Buch.

Selbstverständlich kommt auch Ungutes vor, ich schildere das genauso authentisch und deshalb drastisch wie das Gute, Spaßige, echt Aufgeilende, toll Befriedigende.

Was wahr ist, ist wahr!

Um der ganzen Wahrheit willen habe ich ein „Nuttenbuch„ geschrieben, das dem einen und anderen sauer aufstoßen wird, weil es nicht so richtig angenehm mitleidheischend ist! Ein Nuttenbuch, ein von einer Prostituierten geschriebenes Buch, muß doch voll des Jammers, des Selbstmitleids, der Anklage sein. Prostituierte sind Opfer, basta! Opfer der Gesellschaft, der männlichen Sexgier. Opfer der Unzucht. Ich betrachte und fühle mich nicht als Opfer. Und was die Unzucht betrifft, meine ich: Nicht das Liebemachen gilt als unzüchtig, sondern daß dafür Geld genommen wird. Nicht das Liebemachen, sondern der Liebeslohn wird uns Prostituierten verübelt. Hunderttausende von Männern denken darüber freilich anders. Sie schätzen unsere intimen Dienstleistungen, sie bezahlen gerne und nicht wenig dafür. Gut so. Ich mag diese Männer. Nun ja, daß ich manche mehr mag, manche weniger gern hab, das ist doch nur natürlich. Und daß ich auf der Suche bin nach dem Mann, dem ich mich voll und ganz verbinden könnte – was wäre das Leben einer Frau ohne diese Suche, ohne dieses ständige Hoffen auf den Traummann?

Anschaffen in Schaffhausen

Urs Meier. Der Zufall wollte es, daß dieser Mann mir über den Weg lief. Schicksal war es, daß ich mich in ihn verliebte und ihn heiratete. Urs Meier. Mein erster Ehemann. Nationalität: Schweiz. Beruf: Fotograf. Wie alle Berufsfotografen und viele Schweizer ein echter Spinner. Unschweizerisch war allerdings, daß es ihm nie gelang, zu Geld zu kommen. An Geld mangelte es Urs Meier immer. Das lag daran, daß alles, was er anfing, letztendlich danebenging. Sein Versuch, als Werbefotograf etwas zu werden, schlug fehl. Seine Aktfotos dann, sie fanden keine Abnehmerschaft. Seine Pornofilmerei endete in einem Fiasko.

Anfangs lief alles recht gut. Wir drehten fleißig, wir machten es billig. Echt live war nur das Lutschen und Lecken. Das Vögeln wurde getürkt. Es ging auch gar nicht anders. Wir konnten uns nämlich nur einen Darsteller leisten, einen Schauspielschüler namens Jäggi. Für 200 Franken pro Drehtag brachte dieser Jäggi neben seinem mäßigen Schauspieltalent einen zwar kräftigen, jedoch sehr unzuverlässigen Penis ins Spiel. Das Kreuz mit Jäggis Glied war, daß es nur selten genau den richtigen Moment die handlungsgerechte Steife zeigte. Drei Erektionen pro Drehtag, mehr brachte Jäggi nun mal nicht. Für unsere Dreharbeit genügte das. Wir strickten unsere Filme nach Bimmser-Muster. „Kinder, pro Film ein paar Steife ganz groß, öfter eine Möse ganz nah und schon ist die Sache gekauft!“ Danach drehten wir. Auftragsarbeiten für den Bimmser-Vertrieb.

Franz Xaver Bimmser. Mitte fünfzig, klein, dick, kahl, Maßanzüge, Maßhemden, Maßschuhe. Hauptberuf Holzgroßhandelskaufmann. Nebenberuf Pornohändler. So war es mit Bimmser: Nicht der vom Vater übernommene Holzhandel, sondern das Pornogeschäft hat ihn stinkreich gemacht. So reich, daß er, der Oberbayer, sich die schweizerische Staatsbürgerschaft und eine schloßähnliche Gebäulichkeit am Züricher See kaufen konnte.

Wir waren total von diesem Mann abhängig. Er finanzierte unsere Filmchen und unsere Lebenshaltung. Wir lebten von Bimmsers Vorschüssen. Zwischen den uns angeblich zustehenden Anteilen an Vertriebserlösen und den Vorschüssen bestand ein krasses Mißverhältnis. Bimmser zog uns zweifellos über den Tisch. Aber was konnten wir schon machen? Arme Schlucker waren wir, die nicht nur bei Bimmser in der Kreide standen, sondern auch bei Lieferanten sowie beim Finanzamt Schulden hatten. Sollte Bimmser uns eines Tages fallen lassen, war unser Bankrott so sicher wie das Amen in der Kirche.

Eines Tages war es dann auch soweit. Von Bimmser gab es plötzlich keinen Vorschuß mehr. Die Bank kündigte sowohl Kredit als auch Konto. Die Werkstätte, eine leerstehende Schlosserei, in der wir das Atelier eingerichtet hatten, wurde uns ebenfalls gekündigt, zu Recht. Wir befanden uns mit einigen Monatsmieten im Rückstand. Die Firma – am Ende. Wir waren in einer aussichtslosen Situation! Urs ließ sich fallen und alles hängen. Was konnte ich tun? Ich mußte einen Weg finden, sofort Geld zu verdienen. Wie? Durch Prostitution? Aktmodell, Pornodarstellerin, der Schritt in die Prostitution lag da nahe. Anschaffen gehen und doch nicht als Dirne dastehen, möglich war‘s. Man mußte nur genommen werden, von einem der Clubs, die Models vermitteln oder Massagen anbieten.

Mit dem ansprechenden Angebot „Feinmassage“ warb damals gerade ein sich Club 2000 nennendes Massageinstitut. Es befand sich in Schaffhausens nobelster Gegend, im Villenviertel am südlichen Stadtrand. Ich marschierte hin und war erstaunt, wo dieser Club untergebracht war, zutreffender gesagt, wie er residierte. Was für ein Puff! Noble, große Villa in einem parkartigen Garten. Holzgetäfelte Halle, dicke Teppiche, Stilmöbel überall. Die Dame, die mich empfing, eine Lady von Kopf bis Fuß!

Im Kontrast zum Ambiente und zu ihrem Auftreten stand die Deutlichkeit, mit der sie mir meine Aufgabe beschrieb. Ich hätte servicebedürftigen Clubmitgliedern „mit sanften Händen und doch festem Griff sowohl physische als auch psychische Befriedigung“ zu verschaffen. Sie nahm weder das Wort „Wichsen“ noch die Worte Penis oder gar Schwanz in den Mund. Imponierend, wie diskret, ja vornehm und dabei doch unmißverständlich sie mir klarmachte, was Feinmassage ist. Ich gebe zu, daß mich allein schon die Vorstellung davon erregte. Sie mußte es mir angemerkt haben, daß ich heiß auf den Job wurde. Sie schlug mir vor, es gleich am nächsten Tag auf Probe zu versuchen. Yvonne würde mich über die Details meiner Tätigkeit informieren, im Anschluß an unser Gespräch. Die Bezahlung sei übrigens, sie sagte das abschließend, vornehm kühl und wie nebenbei sagte sie mir das, mir blieb vor freudiger Überraschung fast das Herz stehen, also die Bezahlung sei gut: 50 Franken pro Handreichung, 35 Franken gehören mir, 15 Franken erhält der Club. 35 Franken für einmal Handanlegen! Schnell verdientes Geld, die Chance, aus meiner Notlage herauszukommen!

Yvonne hatte den Charme einer Bademeisterin in einem Wannen- und Brausebad. Sie führte mich in den Keller hinunter, in die Spezialabteilung für Feinmassagen. Langer Gang. Links und rechts schmale Kammern, in jeder eine Liege, dazu ein Sessel, vor ihm ein Sitzschemel. Ich mußte, so erklärte Yvonne es mir, meine Kunden entweder auf der Liege verarzten oder im Sessel bedienen. „Verarzten" und „Bedienen" nannte sie die Tätigkeit! Auch sie nahm eben kein häßliches Wort in den Mund. Sie sprach überhaupt auffällig geziert. Peinlich wurde die Situation, als ich ihr zu demonstrieren hatte, daß ich mit einem Penis umgehen kann – mir einem noch völlig fremden Penis!

Ein stämmiger Bursche in Masseurkleidung, weiße Leinenhose, weißer Halbkittel, weiße Turnschuhe, wurde von Yvonne gerufen, auf eine Liege kommandiert. Als er bequem lag, hob er sein Gesäß, streifte mit einem Griff Hose und Slip herunter, schob den Kittel hoch und bot mir sein Gehänge dar. Ein dünner, langer, zunächst noch schlaffer Penis. Wird es mir gelingen, den zum Stehen zu bringen? Es gelang mir, allerdings ohne finales Ergebnis. Ich tat wirklich, was ich konnte. Erst war der Schlappschwanz kaum in den Griff zu bekommen, immer wieder entschlüpfte er meiner Hand. Allmählich steifte der Pimmel sich. Ich rieb und rieb, auf und ab, mal schneller, mal langsam. Ich beklopfte die Eichel, behauchte sie sogar, doch sie wurde nicht richtig prall. Das ganze Glied blieb biegsam. Keine Vollsteife, keine Ejakulation.

Yvonne war trotzdem zufrieden mit meiner Handarbeit. Sie brachte mich hinauf zur Chefin. „Die schafft's, die kann anfangen", sagte sie.

So wurde ich zur Spezialmitarbeiterin des Clubs, über zwei Jahre hin – Feinmassage! Ich gönnte mir keinen Urlaub, kaum mal einen freien Tag. Ich brauchte das Geld zum Schuldenabzahlen. Und ich schaffte es, alle Schulden zu bezahlen. Fast täglich fünf Stunden Feinmassage, pro Stunde zwei bis drei Kunden, das summierte sich. Gutes und eigentlich leicht verdientes Geld: Ich mußte mich dafür nicht bumsen, ja nicht einmal betatschen lassen. Ich mußte nicht lutschen, nichts schlucken, wenn ich es nicht wollte. Es kam vor, daß ich es wollte, daß ich es tat, weil mir der Mann sympatisch war und weil ich Lust darauf hatte. Bezahlt wurde ich nicht dafür. Geld gab es nur für eins, für's gekonnte Massieren.

„Das muß doch ekelhaft gewesen sein! Tausende dieser häßlichen Dinger nicht nur anschauen, sondern auch noch wichsen müssen!" So reagierte Hertha spontan, als ich ihr von meinem Job in Schaffhausen erzählte. Sie empfand mein Tun nicht als unmoralisch, dafür war sie zu tolerant. Was sie mit Abscheu reagieren ließ, war Ekel. Wie so viele Frauen fand auch Hertha das Geschlechtsteil des Mannes schlicht unästhetisch, einfach abscheulich häßlich.

Hertha war mir Jahre nach Schaffhausen zur engsten Freundin geworden. Hertha, mit dem Inhaber einer Immobilienfirma verheiratet, war bislang die einzige Frau, mit der ich über alles reden konnte. Sie hätte es bestimmt verstanden, zumindest jedoch akzeptiert, daß ich nach rund 10 Jahren „bürgerlicher Ehrbarkeit" wieder damit anfing, der Prostitution nachzugehen.

Leider hatte Hertha mich bereits vorher verlassen, sie verlor bei einem Autounfall ihr Leben. Ich denke oft an sie. Ich erinnere mich an unsere Gespräche über die Männer und deren Penisse.

Es gibt so viele verschiedenartige Penisse, kurze dicke, lange dünne, mehr gerade, drollig krumme. Im Ruhezustand sind sie alle unschön schrumpelig. Schön werden sie erst, wenn sie erregt sind, wenn Leben in sie schießt, wenn sie schließlich stolz aufrecht stehen. Welch ein Schauspiel! Die Eichel schlüpft aus der Vorhaut, wird rund und prall und tiefviolett! Glänzend krönt sie den fleischigen Schaft. Fleischpflanze. Fleischblume. Grandios!

Das Erregende für uns Frauen ist, daß wir wissen: Es liegt in unserer Hand, dieses Gewächs bis zum Äußersten zu erregen und dem Mann damit höchste Lust zu schenken! Schenken? Oh, doch, es ist ein Geschenk, auch wenn der Mann dafür bezahlt.

Höhen und Tiefen

Wenn schon, denn schon – einen dicken Strich wollte ich ziehen, von Grund auf neu anfangen.

Meine Situation, als ich, im Mai 1981, Schaffhausen Ade gesagt und in Frankfurt eingetroffen war: Eine geschiedene Frau, ohne Beruf, ohne Zeugnisse, mit 31 nicht mehr ganz jung.

Glücklicherweise hatte ich etwas Geld auf der Seite. Ich konnte in Ruhe auf Jobsuche gehen. Nach einigen mich nicht sonderlich befriedigenden Versuchen landete ich, auf eine Anzeige hin, in der Außendienstorganisation eines sogenannten Allfinanzunternehmens. Mühsames, manchmal frustrierendes Klinkenputzen zunächst. Doch ich war zäh, bewies Wortgewandtheit und Verhandlungsgeschick.

Allerdings erschien mir meine Tätigkeit nicht als solide und lukrativ genug. Ich wollte eine richtige Vermögensberaterin werden und eine eigene Allfinanzagentur haben. Systematisch verfolgte ich mein Ziel. So oft es sich machen ließ, nahm ich an Schulungen teil. Praktisch nebenbei studierte ich Betriebswirtschaft. Eines Tages war ich Diplom-Betriebswirtin. Kurz darauf stieg ich als Juniorpartnerin in eine Agentur in Karlsruhe ein. Ich fand das aus zwei Gründen einfach super: Erstens hielt ich Karlsruhe für ein gutes Pflaster fürs Allfinanzgeschäft. Zweitens hatte ich mittlerweile einen Karlsruher geheiratet und seine Heimatstadt zu meinem Wohnort gemacht. Mein neuer, mein zweiter Ehemann: Emil Steiner, 48, Abteilungsleiter in einem Baumarkt, genau das Gegenteil von Urs Meier, meinem ersten Ehemann. Der war athletisch gebaut, schwarzhaarig, sprunghaft, unzuverlässig. Emil hingegen – fast schmächtig, semmelblond, ruhig, gewiss zuverlässig. Ein solider Mann. Der richtige Mann für eine solide Ehe. Ich konnte mir sagen, daß ich am Ziel war: Ich hatte endlich einen Beruf, eine interessante, ausbaufähige, ziemlich selbständige Existenz. Ich führte eine gute Ehe, wurde Mutter, meine Tochter Lisa kam zur Welt...

Alles lief gut. Das Agenturgeschäft entwickelte sich zunächst vielversprechend. Zufällig war ein Immobilienmakler Agenturnachbar geworden. Die Nachbarschaft führte zu einer gewissen Partnerschaft, aus dem Partnersein erwuchs persönliche Freundschaft. Hertha wurde meine beste Freundin. Glückliche Jahre. Doch das Glück hielt nicht an. Es kam knüppeldick: Hertha verunglückte tödlich. Sigbert, ihr Mann, gab bald danach die Firma auf, zog jedenfalls weg aus Karlsruhe. Mein Geschäft wurde härter, das Neugeschäft ging stark zurück. Zu allem Unglück verschuldeten wir uns auch noch hoch: Wir hatten mit einem Kredit in sechsstelliger Höhe den Kauf einer Eigentumswohnung finanziert. Das Wasser stand uns plötzlich bis zum Hals. Es lief einfach alles schief und auch in unserer Ehe stimmte nichts mehr. Ich konnte Emil ganz einfach nicht mehr lieben, liebevoll seine Schwächen tolerieren. Er hatte viele Schwächen. Er war fast in jeder Hinsicht schwach. Ein Mann ohne Power. Eigentlich eine Null. Gut, Emil war der Vater meiner Tochter, doch um ihre Erziehung mußte ich mich alleine kümmern. Mag sein, daß ich zu stark für ihn war, zu fordernd, zu umtriebig, zu anspruchsvoll, auch im Bett. So stand es um unsere Ehe, als das Fiasko hereinbrach. Ein Fiasko in Raten. Emil hatte sich einer Bandscheibenoperation zu unterziehen. Sie lief nicht gut, sie verschlimmerte sein Leiden. Er wurde zum Frührentner. Das Schlimmste war, daß er jeden Lebensmut verlor. Meine Versuche, ihn wieder aufzurichten, scheiterten. Bald endete fast jedes unserer Gespräche im Streit. Wir sprachen schließlich kaum noch miteinander.

Eines Tages war er weg. Einfach ausgezogen ist er, zu seinem Bruder. Seine schmale Rente behielt er für sich. Wir, Lisa und ich, sahen keine Mark mehr von ihm. Ich war nun Alleinverdienerin, Minimalverdienerin. Was ich verdienen konnte, reichte vorne und hinten nicht. Ich stieg aus der Agentur aus, um mit der erhofften Abfindung vorerst die Wohnung halten, was hieß die nächsten Bankraten bezahlen, zu können. Die Abfindung bekam ich, doch sie fiel kläglich aus, sie reichte gerade dafür, der Bank gegenüber nicht das Gesicht zu verlieren. Es war ein Fehler, eine Panikhandlung, aus der Agentur auszusteigen. Ich hatte nun wirklich keinen festen Boden mehr unter den Füßen. Als freie Vertreterin mußte ich wieder arbeiten, mit geringem Erfolg, mit verdammt wenig Einkommen. Es reichte für's Leben und schon bald nicht einmal für das! Es ließ sich nicht länger vermeiden: Ich mußte die Eigentumswohnung aufgeben und in eine kleine, relativ billige Mietwohnung ziehen.

Tief war ich nach erfolgreichen, glücklichen Jahren abgestiegen, so tief, daß ich Freunde und Verwandte anpumpen mußte, um uns, Lisa und mich, von Monat zu Monat dahinfretten zu können. Ich stand wieder da, wo ich bereits einmal gestanden habe, vor über 10 Jahren, in Schaffhausen: Am Tiefpunkt. Nüchtern betrachtet war die Lage diesmal sogar wesentlich schlechter: Eine Tochter mußte von mir versorgt werden, um rund 10 Jahre war ich älter! Ich, Mitte 40 – und dennoch gab es nur einen Ausweg, ich mußte wieder anschaffen gehen. Was sonst? Im Büro arbeiten oder als Verkäuferin? Damit hätte ich zuwenig verdient, um je wieder auf die Beine zu kommen. Mich weiter als Vertreterin anstellen zu lassen, mich immer noch tiefer verstricken, mich gar zum Offenbarungseid treiben zu lassen und dann Sozialhilfe beantragen? Da entschied ich mich denn doch lieber für die Prostitution. Gewiss, man verdient auch damit keine goldenen Berge, aber doch soviel, daß man leben und die Gläubiger befriedigen kann. Die Gläubiger! Sie werden erbarmungslos, unnachsichtig, wenn sie wissen oder befürchten, daß kein Geld mehr zu holen ist. Ich scheute nicht davor zurück, der notwendigen schnellen Mark wegen als Prostituierte zu arbeiten und zunächst einmal auf den Autostrich zu gehen. Die härteste, sicher unbequemste und vor allem gefährlichste Art, Sex gegen Bezahlung anzubieten. Mir war völlig klar, daß der Autostrich auf Dauer nichts für mich ist. Er hätte mich in ein Leben abrutschen lassen, das ich nicht wollte, wahrscheinlich auch nicht ertragen konnte. Prostitution, ja, aber nicht als Straßendirne, sondern als Callgirl! Der Einstieg ins Callgirl-Metier ist übrigens nicht besonders schwierig. Angebot und Nachfrage spielen sich hauptsächlich per Anzeigen ab, in speziellen Wochenzeitungen und Monatsmagazinen sowie in der Boulevardpresse. Magazine und Zeitungen kaufen und lesen, gute Garderobe, Telefon, Auto. Mehr ist für den Anfang nicht erforderlich. Das Telefon ist das Wichtigste. Man bietet sich telefonisch an, verhandelt telefonisch. Man wird sich am Telefon einig, über Art und Weise des Liebesdienstes, Preis und Treffpunkt. So stellte ich es mir vor. Und so lief's dann auch, nicht immer, aber in der Regel.

Unehrliche Fassade, knallhartes Geschäft

„Dynamischer Unternehmer (Mitte 40) sucht attraktive, gebildete Dame als Begleiterin. Kurzbewerbung mit Foto und Telefonnummer schicken Sie bitte unter Chiffre…"

Dutzende so oder ähnlich abgefaßter Inserate findet man in den Wochenendausgaben der Welt, der Frankfurter Allgemeinen, der Süddeutschen Zeitung. Jeden Samstag habe ich sie am Bahnhofskiosk gekauft und dann am Nachmittag „ausgewertet". Meine Samstagsbeschäftigung. Meine Sonntagsarbeit dann: Anzeigen beantworten.

Anfangs gab ich mich der naiven Hoffnung hin, daß tatsächlich ein Unternehmer antworten würde. Das war nur zweimal der Fall. Ansonsten meldeten sich im Laufe der nächsten oder übernächsten Woche sogenannte Serviceagenturen.

Bald wurde mir klar, daß hinter solchen Anzeigen fast immer Leute stehen, die zwar offiziell Begleiterinnen, Reisesekretärinnen sowie Hostessen vermitteln, deren wahres Geschäft aber die Vermittlung von Callgirls ist.

Zuhälterei in diskreter Form, auf gehobenem Niveau. Unehrliche Fassade, knallhartes Geschäft! Rechtlich gesehen geht es um Vermittlung von Serviceleistungen, die mit Sex nichts zu tun haben. Dame begleitet Herren während eines geschäftlichen Aufenthaltes, auf einer Geschäftsreise... Was sich dabei zwischen den „Servicepartnern" abspielt, ist allein deren Sache. Viel kann sich abspielen oder auch fast nichts. Der Agentur ist das egal. Sie hat einem Auftraggeber eine Auftragnehmerin vermittelt, vom Auftraggeber die Vermittlungsgebühr kassiert, an die Auftragnehmerin das Servicehonorar bezahlt, bar oder per Überweisung aufs Bankkonto. Ein Honorar, das zumeist höchstens die Hälfte der Vermittlungsgebühr ausmacht!

Einer meiner ersten Jobs „auf Agenturbasis" kam von einer Vermittlerin in Karlsruhe. Büro und Wohnzimmer waren eins und ein wahres Gruselkabinett. Schwere Samtvorhänge, zugezogen, obwohl es noch heller Nachmittag war. Geheimnisvolle, irgendwie magische Atmosphäre! Tiefviolett die Vorhänge, dunkelrot die Tapeten. Schwarze Möbel, Tiffany-Lampen. In der Mitte des runden Tisches, an dem wir miteinander verhandelten, eine große Kristallkugel.

Die Dame hieß Mechthild Braun. Ein Name, dessen Schlichtheit nicht so recht zu der Atmosphäre paßte und ganz und gar nicht der Braun'schen Erscheinung entsprach. Schmales Gesicht mit vorspringender, großer, scharf gebogender Nase. Störend, faszinierend, irritierend die behaarte Warze auf der linken Wange. Diese Frau Braun wohnte wie eine Magierin, sah aus wie eine Hexe, war vielleicht sogar eine echte Hexe. Jedenfalls erfuhr ich im Laufe des Gespräches, daß sie sich der okkulten Wissenschaft widmet, eine Hellseherin und Wahrsagerin sei und, daß sie die Vermittlung von Begleiterinnen nur nebenbei betreibt. Alles in allem ein beklemmendes Gespräch, das ich nur deshalb nicht abbrach, weil ich hoffte, daß ich sofort einen Auftrag bekäme!

Ich verließ die Hexenbehausung ohne Auftrag, hinterließ jedoch Fotos und Lebenslauf. Ein weitgehend geschönter, ziemlich verlogener Lebenslauf. Zwei Wochen später, ich hatte Mechthild Braun bereits vergessen, kam zu meiner Überraschung ein Anruf von ihr: Es sei nun soweit, wenn ich momentan frei wäre, könnte sie mir einen lukrativen Wochenendauftrag vermitteln. Ein reicher, kultivierter, allerdings nicht mehr junger Möbelfabrikant suche eine Begleiterin für eine Kurzreise. Ich sei genau die Richtige für diesen Freitag-Samstag-Sonntag-Job. Natürlich müsse dem Job ein Kennenlernen vorausgehen, das solle noch heute abend stattfinden, es würde selbstverständlich honoriert.

Ich sagte zu und fand mich, wie vereinbart um 17 Uhr, bei Frau Mechthild Braun ein. Wie sie es verlangt hatte, parkte ich meinen Wagen zwei Seitenstraßen weit vom Haus. Mir fiel auf, daß vor ihrem Haus ein Mercedes stand, in dem ein älterer, dicker, glatzköpfiger Mann saß.

Das Gespräch bei Frau Braun war kurz. Sie sagte, daß ich den Fabrikanten auf einem Wochenendtrip nach Oberstaufen im Allgäu zu begleiten hätte, daß er mich vorher kennenlernen und testen möchte und das gleich heute. Mein Tageshonorar betrage 800 Mark. Das Honorar für's Kennenlernen belaufe sich auf 400 Mark und ich bekäme dieses sowie alle weiteren Honorare selbstverständlich immer im voraus. Der besagte Herr erwarte mich übrigens bereits vor dem Haus.

Nachdem wir handelseinig geworden waren und sie mir im Kuvert die vier Hunderter gegeben hatte, ging ich hinunter. Da stand er. Vor dem Mercedes. Ein kleiner, mir knapp bis zur Schulter reichender Mann. Wampe. Fett geradezu. Scheußliche Hängebacken. Verschwitzte, knallrot glänzende Glatze. Ein häßlicher Typ, schon weit über 60! Wir stellten uns vor. Er gab sich galant, küßte mir die Hand, hielt die Wagentür auf, bat mich sehr höflich einzusteigen. Wir fuhren zu meinem Wagen. Er schlug vor, daß ich ihm zunächst in meinem Auto folgen solle. Wir würden auf der Autobahn bis Baden-Baden fahren, kurz nach der Abfahrt auf einem Parkplatz halten. Ich hätte nur immer dicht hinter ihm zu bleiben. Spielte der Dicke „James Bond“? Seltsamer Mann. Ein seltsamer Abend lag zweifellos vor mir.

Auf dem Parkplatz stieg ich in seinen Mercedes um. Über Landstraßen ging es zu einem Landgasthaus südlich von Baden-Baden. Vor dem Essen spazierten wir eine Stunde lang in der Landschaft herum. Nach dem Essen brachte er mich schnurstracks zu meinem Auto zurück. Harmlos, eigentlich blödsinnig herumspazieren, gut essen, reden, reden, ununterbrochen, nicht über ihn, über mich, das war alles, was der Mann wollte. Keine Annäherungsversuche, auch keinerlei Anzüglichkeiten! Für praktisch nichts hatte ich 400 Mark bekommen, ich schämte mich fast dafür.

Wahrscheinlich war ich nicht sein Typ. Mit der Wochenendreise nach Oberstaufen und den 2400 Mark Honorar wird es wohl nichts werden, dachte ich mir. Ich hatte mich getäuscht. Am Vormittag darauf rief mich die Braun an: Der Mann sei sehr angetan von mir, das mit Oberstaufen sei geritzt, ich soll morgen, also am Freitag, vor dem Parkhaus am Hauptbahnhof um 14 Uhr auf ihn warten. Vorher kann ich bei ihr das Honorar abholen.

Oberstaufen. Drei Tage, zwei Nächte an der Seite von Joachim Kirzle. So hieß der Typ, der mich für ein Wochenende gekauft hatte. Ein Schwabe, dem insgesamt drei Möbelfabriken gehören. Einer von den stinkreichen Stinkern, die sich so fürchterlich sicher sind, daß sie mit ihrem Geld alles kaufen können, selbstverständlich auch eine Frau. Es gibt gottlob auch andere Stinkreiche. Reiche der angenehmen, menschlich sympathischen Sorte. Dieser Kirzle gehörte nicht dazu. Er legte seine galante Maske sehr schnell ab. Er ließ sozusagen seine Hose herunter und die Sau raus! Gut, daß er sofort nach unserer Ankunft auf dem Hotelzimmer orale Befriedigung verlangte, daß er ausschließlich auf Blasen und Brustfick stand, daß er mich nie mit seinem Penis, sondern brutal mit der Faust vögelte, daß er nicht in der Lage war, mich auch nur einmal zum Orgasmus zu bringen, ich nahm es hin. Was mich störte, mich mehr und mehr mit Ekel erfüllte, war seine Altmänner-Nachtschau. Er pfurzte völlig hemmungslos, daß ich wach davon wurde, daß mir richtiggehend übel war. Zudem mußte er alle zwei Stunden seinem krankhaften Harndrang nachgeben. Stöhnend, fluchend wälzte er sich aus dem Bett, tappte und schlappte ins Bad, ließ die Tür offen. Tröpfeln, Pause, tröpfeln, stöhnen, endlich ein Strahl, dem Geräusch nach ein recht schwacher, wieder Pause, wieder das Getröpfle – eine mühsame Prozedur, die sich über endlose Minuten hinzog. Er litt an Prostatabeschwerden, unter Blähungen, er mutete mir zu, das, was damit nunmal verbunden ist, riechen und anhören zu müssen.

Am Tag spielte er den Dynamiker. Er war enorm unternehmungslustig, jagte mich und sich auf Alm und Gipfel. Am letzten Tag, am Sonntag, brachen wir in aller Frühe zu einer Bergtour auf, die er beinahe nicht überlebt hätte.

Auf halbem Weg wurde es Kirzle übel. Er brach zusammen, klagte über Schmerzen in der Brust. Eine Stunde dauerte es, bis wir in der Lage waren, langsam abzusteigen. Am späten Nachmittag fuhren wir zurück nach Karlsruhe. Ich am Steuer, er, richtig elend, kleinlaut, endlich einmal still, auf dem Rücksitz. Zum Abschied wollte er meine Telefonnummer. Ich gab ihm eine falsche Nummer. Ich hatte genug von Joachim Kirzle. Mein Job war getan. Ich hatte mir mein Honorar redlich und sauer verdient. Was konnte ich dafür, daß er viel, meiner Meinung nach zuviel dafür bezahlen mußte.

Er erzählte mir, leicht vorwurfsvoll, daß er 5400 Mark an Frau Braun bezahlen mußte. Eine horrende Vermittlungsgebühr, die vielleicht auch erklärt, warum der Gute geglaubt hat, sich alles, auch Ekelhaftes erlauben zu dürfen.

5400 Mark Vermittlungsgebühr, 2700 Mark Gewinn für Frau Mechthild Braun. Diese Frau kassierte viel. Sie war schlicht unverschämt teuer. Kein Wunder, daß es mit ihrem Vermittlungsgeschäft offensichtlich nicht so recht klappte. Jedenfalls kamen von ihr nach dem Kirzle-Job nur noch zwei Aufträge und das im Abstand von drei Wochen. Beide Braun-Kunden waren, ähnlich wie Kirzle, stinkreiche Sechziger und sich sportlich dynamisch gebende Golfhosenträger. Fast impotente, in der Nacht unangenehm riechende, nach einer jungen Frau süchtige und auf ihr straffes Fleisch geile alte Männer! Sie glaubten mir übrigens alle, daß ich erst Mitte 30 sei. Keiner sah mir an, daß ich auf Mitte 40 zugehe.

Ein „Allround Service International“ suchte mit Inseraten. Sie erschienen einige Wochen lang in der Welt am Sonntag, attraktive, vielseitig interessierte Damen für „ungewöhnliche Aufgaben“. 7000 DM Monatseinkommen versprachen die Anzeigen. Kontaktaufnahme, ganz einfach: Keine Adresse, eine Telefonnummer war angegeben. Ich rief an, einmal, zweimal, dreimal, zu verschiedenen Tageszeiten. Jedesmal dasselbe: Per Anrufbeantworter wurde ich gebeten, Namen und Telefonnummer zu hinterlassen, man würde zurückgerufen. Das geschah dann auch, einige Tage nach meinem dritten Anruf meldete sich der „Allround Service International“ bei mir. Eine angenehme Männerstimme! Danke für mein Interesse, Fragen über mein Alter, meine derzeitige Beschäftigung. Aus „Testgründen“ wurde ich gefragt, ob ich mir vorstellen könne, seriöse Herren zu begleiten oder in einem Sexfilm mitzuspielen oder Telefonsex zu machen und ob ich bereit sei, einen Fragebogen mit Intimfragen zu beantworten sowie ein Ganzfoto zu schicken. Ich müsse nicht gleich antworten, ich könne mir meine Antwort gründlich überlegen, ich würde wieder angerufen. Ende des Gespräches.

Nach ein paar Tagen, spätabends, kurz nach 22 Uhr, rief der Mann mit der angenehmen Stimme mich wieder an. Was er mir diesmal sagte, war absolut eindeutig. Meiner Stimme nach wäre ich seiner Meinung nach eine ideale Telefonsexpartnerin. Telefonsex – damit ließe sich leicht und bequem zu Hause viel Geld verdienen: Jeden Abend einige Stunden „Telefondienst“, für jedes Gespräch 60 Mark, vom Allround Service auf mein Konto überwiesen! Ich erhalte ein Codewort zugeteilt. Mein Codewort und selbstverständlich meine Telefonnummer werden Kunden gegeben. Wenn ein Anrufer das Codewort nennt, weiß ich, um was es geht: 4 bis 5 Minuten Verbalerotik und schnell verdiente 60 Mark! Was ich zu sagen, wann und wie ich lustvoll zu stöhnen hätte, das würde mir genau gesagt. Wenn ich wolle, könnte ich so ein Gespräch ja gleich versuchen. Er sei gerne bereit...

Ich war nicht bereit. Gut, verstehe ich, das spricht für sie, dann wird sie in den nächsten Tagen Frau Sandra, unsere Spezialberaterin, unverbindlich anrufen, einverstanden?, sagte er. Von mir aus, aber was soll's sagte ich.

Tatsächlich rief mich diese Frau Sandra bald darauf an. Von erfahrener Frau zu erfahrener Frau wolle sie sprechen... Ich wisse doch sicher bereits, um was es beim Telefonsex geht: Männer hören und glauben lassen, daß sie mit obszönen Worten eine Frau geil machen können, ihnen Erregung vortäuschen, sie damit zu immer heftigerem Onanieren anstacheln, ihnen Orgasmus vorspielen und sie so zum Spritzen bringen.

Sexspiel auf Distanz, in völliger Anonymität! Ein sicheres Geschäft, eine lukrative Heimarbeit, mit der ich bis zu 7000 Mark im Monat verdienen werde. Sie selbst verdient das seit Jahren, Monat für Monat. Ihr Vorschlag schließlich: Ich soll es doch mal probieren. Telefonsex auf Probe. Mein Codewort war Abendlust. Für jeden Probejob gibt es bereits das volle Honorar. Ich soll ihr sagen, auf welches Konto mein Honorar vom Service zu überweisen ist. Auf meine Frage nach der Anschrift der Firma antwortete sie ausweichend, man würde mir umgehend eine Vereinbarung mit genauer Firmenanschrift schicken, und dazu müßte sie selbstverständlich meine Adresse haben. Das wollte ich nun wieder nicht, jedenfalls vorerst nicht.

Schon am nächsten Abend wurde ich unter dem Codewort Abendlust angerufen. Die Stimme des Anrufers war der des Allround Service-Mannes ziemlich ähnlich. Was er mir sagte, was er von mir verlangte, was ich allerdings nicht tat, war wirklich obszön. Der Mann hatte eine abnorme Phantasie!

Ich soll mich mit der Faust vögeln, den Telefonhörer in die Vagina einführen, mir einen Spiegel holen, mich mit weit gespreizten Schenkeln davor setzen, genau mein Geschlechtsteil beschreiben!

Nach 6 Minuten hatte ich genug und keuchte, stöhnte, schrie ihm einen tollen Orgasmus vor. Dann legte ich auf. Derselbe Mann rief in den folgenden Tagen noch dreimal an, sonst kamen keine Anrufe. Funkstille. Auf das Honorar für die insgesamt vier Jobs wartete ich vergebens. Meine Versuche, telefonisch zu monieren, endeten alle beim Anrufbeantworter.

Endlich einmal ein Inserat, das schon von Aufmachung und Größe her auf eine reelle Agentur schließen ließ! Keine Chiffre-Anzeige, nicht bloß eine Telefonnummer, sondern volle Adresse! Allerdings wurde eine richtiggehende Bewerbung mit allem Drum und Dran verlangt, mit handgeschriebenem Lebenslauf, Portrait- und Ganzfoto.

An einem Montag schickte ich die Bewerbung ab und bereits am Freitag darauf lag, zu meinem großen Erstaunen, die Antwort im Briefkasten.

Eine Frau Carmen Unterreuther bedankte sich im Auftrag der Direktion der Lady Star GmbH & Co KG für meine Bewerbung. Sie gab sich die Ehre, wörtlich stand es so geschrieben, mich zu einem Vorstellungsgespräch einzuladen, nach München, ins Arabellahotel, Raum 14. Am kommenden Mittwoch um 10 Uhr sollte ich mich dort einfinden, falls ich an einer Tätigkeit als „Lady Star-Businesshostess“ interessiert sei.

Da ich ausgeschlafen, unzerknittert und perfekt gepflegt auftreten wollte, fuhr ich bereits am Vortag nach München, suchte mir da, nicht allzuweit vom Arabellahotel eine

„preisgünstige“ Pension. 300 bis 400 Mark für eine Übernachtung im Arabella ausgeben, das konnte ich mir nicht leisten. Ich litt immer noch unter Geldknappheit. Trotz meiner zwei Tätigkeiten, es reichte nach wie vor hinten und vorne nicht. Ja, zwei Tätigkeiten hatte ich und verdiente doch noch zu wenig, um endlich wieder Luft zu bekommen.

„Hauptberuflich“ arbeitete ich seit kurzem in der Immobilienbranche. Die mühselige Hausiererei mit Versicherungspolicen hatte ich an den Nagel gehängt. „Nebenberuflich“ war ich Callgirl. Freilich immer noch keines mit nennenswertem Einkommen: Ich hatte noch nicht den richtigen Dreh gefunden. Meine Abhängigkeit von mehr oder weniger obskuren Vermittlungsagenturen war nicht gerade das Gelbe vom Ei! Aber vielleicht ist diese Lady Star GmbH & Co KG endlich das Richtige. Mit dieser Hoffnung bin ich nach München gefahren.

Hoffnung, das war überhaupt meine Befindlichkeit in jenen Wochen. Hoffnung, endet sie, wie so oft, auch diesmal wieder mit einer Enttäuschung?

Die Lady Star-Chefin ließ auf sich warten, als wir Punkt 10 Uhr im Raum 14 versammelt waren. Wir, ich und vier junge Frauen, die jüngste höchstens 19, eher gerade 18! Eine Viertelstunde war um, als ein Mann den Raum betrat, besser gesagt, in den Raum stürmte. Typ widerlicher Dynamiker. Sonnenbankbräune im Gesicht, auf der haarigen Brust, die er unter'm weit aufgeknöpften, papageienbunten Hemd darbot. Er fletschte die Zähne zu einem Grinsen, das ein freundliches Lächeln sein sollte.

„Küß die Handerln, meine Damen! Ich bin der Herr Alex, der Ladysex-Alex, pardon, Ladystar-Alex... Tschuldigen die Damen, unsere Carmen hat's wieder mal ned g'schafft, der Verkehr, wissen's... Aber sie kommt sofort, sie iss wahrschein's schon im Haus, pudert sich grad s'Naserl..."

Wir hatten noch gut 10 Minuten Zeit, den Herrn Alex zu betrachten. Seiner Bräune und Figur nach Skilehrer, dem Outfit nach ein Zuhälter. Teuere Klamotten, letzter Schrei, aber alles zu bunt, eine Idee zu grell. Dem Dialekt nach war er ein Wiener, also ein Zuhälter der Spitzenklasse, nämlich ein Wiener Zuhälter.

Ich fand diesen Mann nicht nur unsympathisch, mir kam er widerlich vor. Er bemühte sich, uns mit dämlich zotigen Witzchen die Zeit zu vertreiben, was ihn nicht sympathischer machte.

Endlich trat sie auf. Frau Carmen Unterreuther. Dem Anschein nach so um die 40, aber der Schein kann trügen. Herr Alex schnellte mit einem Satz aus dem tiefen Sessel hoch, in dem er sich gelümmelt hatte, er verbeugte sich übertrieben servil, was diesen Machotyp ausgesprochen komisch wirken ließ. „Küß die Hand, Frau Carmen" und „Na servus, Frau Carmen, fesch samma wieder!" Sie ging nicht darauf ein, gab weder ihm noch einer von uns die Hand. Frau Carmen Unterreuther stand vor uns, blickte über uns weg, vermied in auffälliger Weise Augenkontakt, kam nach kurzer Begrüßung und ohne jede Entschuldigung für ihre Verspätung sofort zur Sache.

Sie sagte in bemühtem Hochdeutsch, doch mit unüberhörbarem Wiener Akzent, daß die internationale Lady Star sich in einer Phase stürmischen Wachstums befinde, deshalb auch in Deutschland mehr tüchtige Mitarbeiterinnen im Bereich Direktservice brauche: Damen mit Hostessenerfahrung, mit Können, Einsatzbereitschaft, Fleiß und Niveau. Kurzum: Ladies werden gesucht, die wissen, was anspruchsvolle Herren von Damen erwarten und für gutes Geld verlangen können! Enorm viel werde bei Lady Star verdient, dafür würde allerdings auch viel verlangt von den Herren, die Lady Star vermittelt.

Zweifellos, hier geht es um gut organisierte Callgirl-Vermittlung, dachte ich mir, um Prostitution, die nach dem Muster eines Strukturvertriebs organisiert ist. Das bewies die ganze Veranstaltung hier. Das bewies allein schon der Auftritt dieser Frau Carmen. Daß gut verdient wird, daß „Führungskräfte" hervorragend verdienen, sah man am Outfit der Dame,an ihrem nicht bloß feschenr, sondern erlesen eleganten Hosenanzug, einem Jil Sander-Modell! Der Goldschmuck, die 400-Mark-Schuhe... Wer sowas mit lässiger Selbstverständlichkeit trägt, muß ein Schweinegeld verdienen! Sympathisch war mir die Frau dennoch nicht. Sie strahlte Arroganz, ja Kälte aus. Sie lächelte zwar viel, andauernd, mit erstaunlicher Ausdauer lächelte sie, aber nur mit dem Mund, nie mit den Augen. Trotzdem war ich stark beeindruckt und durchaus bereit, mich anheuern zu lassen. Mir imponierte die Professionalität, die Perfektion, mit der dieser Callgirlring offensichtlich sein Geschäft betrieb. Klar, daß Lady Star ein Callgirlring ist, was sonst?

Der Reihe nach wurden wir von Frau Carmen zu Einzelgesprächen, zutreffender gesagt, zu Interviews gebeten. Sie saß an einem Tischchen in der Ecke des Raumes, wir hatten ihr gegenüber Platz zu nehmen. Ich kam zuletzt dran.

Jedes Interview, mein Interview nicht ausgeschlossen, verlief als Frage-Antwort-Gespräch, anhand eines achtseitigen

Fragebogens. Nach allem Möglichen, auch nach sehr Privatem wurde gefragt: Haarfarbe, Augenfarbe, besondere körperliche Merkmale, Gewicht, Größe, Brustumfang, Geburten, Fehlgeburten, Krankheiten, familiäre oder partnerschaftliche Bindungen, sexuelle Vorlieben und Abneigungen, Schulbildung, Berufsausbildung, derzeitige berufliche Tätigkeit, besondere Kenntnisse und und und ! Die Fragen waren teils simpel, teils raffiniert, manchmal wirklich unverschämt. Der ganze Fragebogen war wirklich gekonnte Psychologie!

Das Raffinierteste: Frau Carmen konnte unpersönlich bleiben, sich sachlich, sich absolut cool geben. Sie las die Fragen leise vor, man gab Antwort, sie kreuzte dann die entsprechenden, bereits vorgedruckten Antworten auf dem Fragebogen einfach an.

Die abschließende Frage lautete: Können Sie sofort mit der Tätigkeit für Lady Star beginnen? Wenn ja, geben Sie die Telefonnummer an, unter der Sie jederzeit erreichbar sind!

Kurz nach 12 Uhr setzte ich meine Unterschrift unter den Fragebogen, den Frau Carmen für mich ausgefüllt hatte. Auf meine Fragen, auf das von mir erwartete, erhoffte Gespräch ließ sie sich nicht ein. Mit der Zusage, daß mir in Kürze, nach der Auswertung aller Fragebögen, die Entscheidung der Direktion mitgeteilt würde, komplimentierte sie mich höflich aber entschieden hinaus.

Am Nachmittag fuhr ich mit einer Mordswut im Bauch und schwer verdaulichen „Schweinswürsteln mit Kraut“ im Magen nach Karlsruhe zurück. Zwei Tage habe ich geopfert, rund 150 Mark investiert für ein beschissenes Gespräch, für eine höchstwahrscheinlich, wieder einmal, vergebliche Hoffnung.

Na, servus Frau Carmen!

Endlich die Wende

Na, auf sowas läßt du dich nicht mehr ein, dachte ich mir auf der Rückfahrt von München. Ich kochte vor Wut, bis ungefähr zur Geislinger Steige. Ab da gewann allmählich mein grundsätzlich positives Denken wieder die Oberhand.

Das liegt jetzt bereits rund zwei Jahre zurück. Heute kann ich sagen: Das enttäuschende Rendezvous mit Frau Carmen und ihrem Herrn Alex hatte sein Gutes. Es gab mir den definitiven Kick in die richtige Richtung. Ich beschloß damals Schluß zu machen mit der Abhängigkeit von mehr oder weniger dubiosen „Vermittlern".

Daran konnte auch der erst sechs Wochen später erfolgte Anruf von Frau Carmen Unterreuther nichts ändern. Die Lady teilte mir mit, daß ich für Lady Star arbeiten „dürfe", unter dem Codenamen „Zofe", zu Bedingungen, die mir nicht paßten, weil sie mich zur Aufgabe meiner Immobilientätigkeit gezwungen und zu einer Abhängigen gemacht hätten. Ich sagte mir damals: Warum sollte ich Liebemachen nicht wirklich frei anbieten, auf eigene Faust und eigene Rechnung? Wie komme ich dazu, mich total abhängig zu machen? Wer bin ich denn, daß ich mir ein Drittel oder sogar die Hälfte meines ehrlich verdienten Lohnes von Zwischenhändlern abnehmen lasse?

Zwischenhändler sind sie doch alle, die Modell-Agenturen, Begleitservices, Hostessen-Vermittler et cetera! Die nutzen doch meist nur die Notlage von Frauen aus, die bauen darauf, daß Geldnot blind und dumm macht. Reine Ausbeuterei!

Beim Straßenstrich geschieht sie auf die direkte und brutale Art. Wenn es um das Callgirlgeschäft geht, wird raffinierter vorgegangen, halbseiden, aber auch diese feinere Art läuft letzten Endes auf's Ausbeuten hinaus. Was mich betrifft, Schluß damit! Ich habe es nicht bereut, daß ich mich damals „innerlich“ für das absolut freiberufliche Anschaffen entschied. Die tatsächliche Wende in diese Richtung verdanke ich Gernot.

Kurz vor meiner Vorstellung bei Lady Star hatte ich auf das Inserat eines Begleitservices geantwortet, mit ordentlicher Bewerbung, neuestem Foto, unter Angabe meiner Adresse sowie Telefonnummer. Zwei Tage nach meiner Rückkehr aus München rief mich ein Mann aus Amorbach im Odenwald an. Er stellte sich als Gernot Müller vor. Er sprach einen fürchterlichen Dialekt, das breite, teigige hinterwäldlerhessisch. Er habe von dem Begleitservice, bei dem ich mich beworben hatte, meine Telefonnummer erhalten. Er möchte mich treffen und mit mir über eine interessante Idee sprechen. Idee, das klang gut. Das machte mich neugierig.

Ich traf ihn also, in einem Gasthaus zwischen Karlsruhe und Amorbach und war zunächst schockiert. Ein schlanker, recht junger, salopp und doch gediegen gekleideter, gepflegt wirkender Mann, aber stark behindert, teilgelähmt! Welche Frau will, kann mit diesem Mann sexuell verkehren? Mein Gott, dabei könnte er mir echt gefallen, aber wie um alles soll ich es mit ihm machen!

Später stellte sich, zu meinem Erstaunen und zu meiner Freude heraus, daß er ein fähiger, potenter Lover und wahrer Sexexperte ist. Mit ein bißchen Nachhilfe schaffte er es, in nahezu allen Varianten gut, ja perfekt zu sein. Wir haben in den rund zwei Jahren, die wir uns nun bereits kennen, wirklich alles durchgespielt, von Ganznormal bis Sadomaso und das nicht nur zu zweit, sondern auch zu dritt, zu viert. Pärchensex, Partnertausch, Gruppensex! Gernots Behinderung, sie störte manchmal so manchen, noch öfter aber stellte sie einen besonderen Reiz dar, machte sie vor allem die Frauen so richtig geil.

Doch zurück zu unserem ersten Zusammentreffen. Gernots „Idee“: Er wollte, daß wir uns zusammentun, sozusagen als Call-Paar Geschäftspartner werden. Er schlug mir vor, unsere Dienste im Sexmagazin „Happy Weekend“ anzubieten. Eine mit Sicherheit Jobs einbringende Sache!

„Happy Weekend“ ist ein pornografisch aufgemachtes Anzeigenmagazin, das 14-tägig erscheint, dessen rund 250 Seiten jedesmal prallvoll mit eindeutigen Angeboten sowie Nachfragen sind. „Happy Weekend“ ist der Sexmarkt, wo sich wie nirgends sonst Angebot und Nachfrage treffen.

Nachdem Gernot offenbar festgestellt hatte, daß ich die richtige Partnerin sein könnte, drängte er mich dazu, es doch einfach mal zu probieren: Inserieren in „Happy Weekend“, Rubrik 3, Job-Angebote!

Als „devotes Paar“, das überall alles mitmacht, auch Wasserspiele, auch Faustfick, auch Sadomaso, alles eben. Gernot hatte so vernünftige wie reelle Vorstellungen, was die Abwicklung betraf: Wir formulierten gemeinsam den Anzeigentext. Ich stellte ein Foto von mir zur Verfügung. Er gab die Inserate unter seinem Namen auf. Als Telefonnummer gaben wir seine Funktelefonnummer an. Das Funktelefon wurde auf mich geschaltet. Was Kosten und Honorare anbelangt: Wir teilten uns die Insertionskosten. Die Honorare dürfen nicht zu hoch sein, meinte er. 400 Mark, wenn ich allein arbeite, 500 Mark, wenn wir als Paar antreten. Im letzteren Fall teilten wir, im ersten Fall erhielt er von mir 100 Mark Beteiligung pro Job.

Ich stimmte dem allem zu. Wir wurden Geschäftspartner und Dauerinserenten in „Happy Weekend".

Wie sich schnell herausstellte, war das eine gute Sache. Wahnsinnig viel Anrufe! Es gab Tage, an denen ich kaum noch vom Telefon wegkam! Endlich lief alles so, wie ich es mir vorgestellt hatte.

Die Schuldenlast wurde allmählich leichter. Ich war bald meiner drückendsten Geldsorgen ledig. Das war die Wende und sie fand kein Ende: An der tollen Nachfrage hat sich bis heute nichts geändert. Nach einiger Zeit boten wir uns zwar nicht mehr als Paar an. Gernot wurde müde und ich spezialisierte mich, auf Sadomaso solo...

Ja, Sadomaso! Nicht nur, weil ich dafür eine exzellente Technikerin geworden bin, auch deshalb, weil ich gelernt habe, Sadomaso-Männer besonders zu schätzen und psychologisch richtig zu behandeln.

Sie sind nicht die Schlechtesten, sie gehören in der Regel nicht zu den grobschlächtigen Brutalomachos, trotz oder gerade wegen ihrer „abartigen" Wünsche!

Der partnerschaftlichen Verbundenheit mit Gernot hat meine Spezialisierung bis jetzt nichts anhaben können. Er stellt mir zum Beispiel immer noch das Funktelefon zur Verfügung. Er sorgt weiterhin für die Abwicklung der Insertion in „Happy Weekend" und manchmal auch in Anzeigenblättern seines Wohnbezirkes. Er vermittelt mir hie und da Jobs, meistens Männer, die es gern mit einem Paar treiben möchten, mit denen jedoch mein Gernot dann doch nichts zu tun haben will. Nicht selten sind seine „Vermittlungen" nicht gerade die angenehmsten Jobs. Ich nehme sie trotzdem an. Aus Freundschaft zu Gernot? Aus dem Gefühl heraus, ihm irgendwie verpflichtet zu sein? Vielleicht aus Neugier? Ich weiß es nicht genau. Jedenfalls frage ich mich jedesmal, mit wem er mich wohl diesmal wieder überraschen wird. Vielleicht mit einem wie Hermann, dem Bauingenieur, der sich nicht schämte, das Hotelbett vollzupinkeln? Oder mit einem wie Karl-Otto, dem Chefmathematiker, dessen Wohnung ein ekelhafter Saustall war?

Hermann, der Bauingenieur.

Unser Treffpunkt war der Parkplatz eines Hotels in meiner Nähe. Sein Erkennungszeichen: Weißer BMW 7er-Klasse, Lagerfeldzopf.

Das Hotel hatte Gernot gut gewählt. Typisches Business-Hotel. Im ersten Stock Konferenz- und Seminarräume. Viel Betrieb, ununterbrochenes Kommen und Gehen. Kein Problem, hier anstandslos auf ein Zimmer zu kommen. Überhaupt kein Problem, wenn man, so wie ich, ein Aktenköfferchen trug.

Wir saßen zuerst für eine Weile im Bistro des Hotels. Ich bestellte Gin mit Tonic, er Mineralwasser. Bis auf die Haartracht, diesen irgendwie dämlich wirkenden Zopf, störte eigentlich nichts an diesem Mann. Er war schätzungsweise ein Endvierziger. Offenes, freundliches Gesicht. Hahnentritt-Sakko, geschmackvoll dezente Seidenkrawatte, sauberes Hemd. Wir sprachen über dies und das. Small talk. Dann ging er auf sein Zimmer, ich sollte ihm nach 10 Minuten „unauffällig“ in die 1. Etage, Zimmer 112, folgen und dreimal klopfen.

Das Zimmer, ein Doppelbettzimmer mit Bad. Die Vorhänge waren zugezogen, recht duster war es! Er öffnete mir bereits in Unterhose. Kein Slip, wirklich eine solide Unterhose! Er kam ohne Umschweife zur Sache. So schnell kam er zur Sache, daß ich glatt vergaß, vorher mein Honorar zu verlangen. Ich mußte mich ausziehen, auf's Bett legen. Er streifte seine Unterhose ab, sprang auf's Bett, stellte sich über mich, forderte mich auf, meine Schenkel weit zu spreizen und mit beiden Händen die Schamlippen auseinanderzuziehen. Und dann spritzte und spritzte er! Er hörte gar nicht mehr auf damit, literweise platschte sein Urin auf mich herunter. Lauwarme, scharf riechende, richtig stinkende Pisse! Er zielte in meine weit offene Möse, er ließ den Strahl über den Bauch bis hinauf zu meinen Brüsten wandern. Endlich hatte er seine Blase entleert. Er ließ es noch ein wenig nachtröpfeln, Tropfen für Tropfen, genau in meine Vagina. Das brannte! Ekelhaft. Das Ekelhafteste: Das Bett, die Matraze – uringetränkt!

Er kniete sich neben mich, schleckte seinen Urin von mir ab, leckte mir die Möse aus. Dann wälzte er sich hinüber aufs zweite, trockene Bett. Er lag flach auf dem Rücken. Sein Penis, steif, dick, lang, stark wie ein Pfahl. Dieses Glied war so mächtig, daß ich befürchtete, der Gummi könnte platzen. Ich zog ihm deshalb zwei Gummis über, bevor ich im Reitsitz mit dem Ficken begann. Mir kam es dabei nicht, was kein Wunder war: Der Uringestank im Zimmer wurde so intensiv, daß ich gegen Übelkeit anzukämpfen hatte. Nach der Reitnummer gingen wir ins Bad, um zu duschen. Vorher bepinkelte er mich noch einmal, gottlob in der Wanne. Woher er nur diese Unmenge von Urin nahm? Ihm hatte die Sache übrigens soviel Spaß gemacht, daß er von sich aus mein Honorar erhöhte.

Karl-Otto, Chefmathematiker bei einer großen Versicherungsgesellschaft. Wie gesagt, auch eine Gernot-Vermittlung. Karl-Otto hatte kein Verlangen nach Wasserspielen, sondern nach einer „grausamen Domina".

Ich wußte durch Gernot zwar in etwa, was der Mann von mir verlangen würde, ich ahnte freilich nicht, was mich tatsächlich erwartete.

Karl-Otto hatte mich in seine Wohnung bestellt. Die lag in einer Siedlung am Rande Mannheims. Dieses Quartier, Bauweise sozialer Wohnungsbau 60er Jahre, war mir nicht unbekannt. Ich wußte, daß es ein richtiges Versicherungsghetto ist, das ausschließlich den Innendienstangestellten einer Versicherungsgesellschaft vorbehalten war. Schrecklich. Ich nehme an, daß Karl-Otto bereits als kleiner Angestellter da einzog und trotz Karriere dann hängengeblieben ist. Aus zwei Gründen war ich gereizt, nervös.

Erstens hatte ich diesen Freier nicht wie üblich vor dem Job per Telefon „überprüfen" können, seine Telefonnummer war eine Geheimnummer. Auch Gernot kannte sie nicht. Zweitens war das Haus nicht leicht zu finden. Ich fand es schließlich, am Ende einer Sackgasse, in einem Hintergebäude.

Ich drückte auf die Klingel neben dem Hauseingang. Es dauerte lang, bis sich die Türe öffnete. Ich klapperte mit meinen knallroten Highheels, ich hatte sie zu einem dunkelblauen, eng anliegenden Kleid angezogen, die schmale Betontreppe hoch in den 2. Stock hinauf. Es roch nach angebrannten Zwiebeln und sonstnochwas, ungelüftet, nie gelüftet roch es in diesem Treppenhaus. Wer und was konnte mich in einem solchen Haus erwarten?

Einen Moment lang war ich versucht, umzukehren, den Job zu lassen. Aber ich stieg weiter hinauf und dann war es sowieso zu spät für's Umkehren. Kaum hatte ich den letzten Treppenabsatz erreicht, winkte mir aus der linken Wohnungstür, sie war einen Spalt breit offen, ein dünner, langer Finger zu.

Mich überlief tatsächlich eine Gänsehaut, doch ich tat auch noch die letzten Schritte. Eine Gruselszene: Der Finger mit spitzem Nagel gehörte zu einer knochigen, eiskalten Hand, die mich packte, die mich hineinzog in eine finstere Wohnung, hinein in einen dicken Mief aus Kohldunst und Nikotingestank. Er zog mich in ein Zimmer, das offensichtlich das Wohnzimmer sein sollte, das aber mehr einem Schweinestall glich. Überall randvolle Aschenbecher, Stöße von Akten und Büchern auf Stühlen und auf dem Boden. Überall Staub, der sich bereits flockte, der bei jedem Schritt aufwirbelte. Karl-Otto selbst, nun, er hatte ein recht sympathisches Gesicht, sein Aufzug jedoch verschlug mir die Sprache: Gesicht total überschminkt, Haare toupiert, die dünnen Beine mit billigen, von Strapsen gehaltenen Strümpfen bekleidet. Die Strapse waren an einem dieser schlimmen hautfarbenen Miederhöschen der frühen 50er Jahre befestigt. Unter dem Höschen konnte ich deutlich sehen, daß er sein Geschlecht mit weißen Binden wegbandagiert hatte. Mühsam, unbeholfen stöckelte er auf

Highheels vor mir auf und ab. Sie waren höher als meine! Oben herum trug er einen weiten weißen Pullover.

Karl-Otto sagte mir gleich, was er wolle: Sich „von Frau zu Frau“ unterhalten, mich nackt sehen, sich selbst zeigen und dann spüren dürfen, daß ich eine starke Frau bin.

Na ja, ich war nunmal da, der Job erschien mir nicht gerade erfreulich, aber ich hatte ihn zu machen. Auf keinen Fall durfte ich mir anmerken lassen, wie zuwider mir alles war, die verschlampte Wohnung, der Mann, seine Aufmachung. Ich hatte mich zuerst auszuziehen, langsam, vollständig. Er zog zunächst nur seinen Pullover aus, entblößte, fast kokett, eine große Brustprothese. Ein wenig später schnallte er den Atombusen ab. Was darunter zum Vorschein kam, waren eine ungesund graue, schmuddelige, teigige, unbehaarte Haut und unwirklich geschmückte, wahrscheinlich seit Jahren entsetzlich malträtierte Brustwarzen. Jede wurde durch jeweils zehn kleine Ringe in die Länge gezogen, zutreffender gesagt, gepreßt. Durch die rechte Brustwarze ging ein silberfarbener Ring, groß wie ein Fünfmarkstück, mindestens einen Zentimeter dick. Wie man einen Ochsen an seinem Nasenring zieht, so mußte ich Karl-Otto an seinem Brustwarzenring durch die Wohnung ziehen und zum Schluß auch noch den Ring um 180 Grad drehen.Ein fürchterlicher Schmerz, aber genau den brauchte er, um zu kommen. Er ejakulierte gewaltig. Sein Sperma durchtränkte den Zwickel des Miederhöschens, rann über die dürren Schenkel, tropfte auf seine Highheels.

Gestern war Gernot aus Amorbach bei mir, sozusagen zum 5-Uhr-Tee. Ich trinke ja nur selten Kaffee, Tee ist mir lieber. Er war nicht geschäftlich bei mir, auch nicht des Liebemachens wegen. Er hat mir seine junge Frau vorgestellt, eine etwa 20 Jahre junge Kolumbianerin. Sie ist wirklich eine aparte Schönheit. Ihr Gesicht – typisch südamerikanisch mit indianischen Zügen. Starke Nase, pralle Lippen, ein „schwellender Mund“, dazu große dunkelbraune, fast schon schwarze Augen, lange, leicht rötlich schimmernde kastanienbraune, lockige Haare, kleiner, fester, mädchenhafter Busen, einladende Hüften.

Sehr katholisch sei sie erzogen und von Sex hätte sie keine Ahnung gehabt, erzählte mir Gernot. Eine „Katalog-Frau“, für 10.000 Mark „eingekauft“, mit der ehrlichen Absicht, sie zu heiraten. Er hat sie geheiratet, kirchlich sogar.

Sie spricht seinen Namen mit drolligem Akzent aus – Gärrnood! Noch spricht und versteht sie so gut wie kein Wort deutsch. Das konnte er ihr noch nicht beibringen, dafür jedoch das Liebemachen in allen Spielarten, normal, oral, anal. Sex, er hat da gewisse Pläne mit ihr: Er möchte seine Ehefrau zum Callgirl machen. Die ersten Jobs hat sie bereits erfolgreich absolviert, wie Gernot es ausdrückt. Solo. Ganz normal. Um sie nicht allzusehr zu schocken, hatte er ihr sanfte Freier vermittelt. Keine Sadomaso-Typen. Brave Ehemänner, hie und da mal scharf auf eine außereheliche Nummer. Nun will er sie dazu bringen, daß sie sich mit ihm zusammen hingibt, Pärchensex, Gruppensex. Wie ich Gernot kenne, wird es ihm gelingen. Sie wäre bestimmt eine außerordentlich attraktive Partnerin.

Auch er ist attraktiver geworden. Einige Kilo hat er abgenommen, seine Behinderung fällt nicht mehr so auf. Ein 3-Tage-Bart ziert jetzt sein schmal gewordenenes Gesicht. „So gut wie du wird sie freilich nie sein. Ihr fehlt das, was Du von

Natur aus hast, was wichtig, das Wichtigste ist, um ein Top-Callgirl zu werden: Echte Geilheit und dazu der Schuß Coolness“, sagte er mir. Er konnte das in ihrer Gegenwart sagen, weil sie ihn gewiss nicht verstand. Auch dazu lächelte sie, fast ununterbrochen lächelte sie...

Wenn ich darüber nachdenke, muß ich mir eingestehen: Gernot hat Recht. Er brachte auf den Punkt, was mir das Leben als Callgirl leicht macht, was mich wirklich gut und deshalb erfolgreich sein läßt. Ich bin echt geil, naturgeil, auf Männer! Genauer gesagt, ich bin geil auf's Liebemachen mit Männern und es belastet mich nicht, es bereitet mir vielmehr Lust, dafür Geld zu verlangen. O ja, ich habe eine lustvolle, richtiggehend sinnliche Beziehung zur Sexualität als auch zum Geld. Ich liebe das Ficken, das Blasen und auch die ausgefalleneren Sexspiele. Ich bin neugierig auf neue Erfahrungen. Und ich liebe es, für das, was ich biete obendrein auch noch recht gut bezahlt zu werden. Für prickelnde Sexerlebnisse, für tolle Orgasmen knisternde Scheine bekommen, ich kann mir vorstellen, richtiger gesagt, ich weiß es, daß viele Frauen davon träumen, ohne sich ihre geheimen Träume jemals erfüllen zu können! Geld macht mich sinnlich, jedoch nicht leichtsinnig. Ich halte zusammen, was ich einnehme. Zins und Zinseszins faszinieren mich. Schon möglich, daß ich später einmal eine wohlhabende Frau bin und meiner Tochter ein kleines Vermögen vererben werde. Die Lust am Vermögenschaffen und Geldzusammenhalten macht mich keineswegs zu einem Geizkragen. Ich bin keine geizige, sondern eine sparsame Frau. Das steht nicht im Widerspruch zu meiner ausgeprägten Geldsinnlichkeit. Genauso ist es, meine ich, kein Widerspruch, daß ich cool und trotzdem naturgeil bin. Hurenarbeit, wer sie professionell und wirklich gut machen will, muß Liebe und Liebemachen auseinanderhalten. Sympathisch darf und soll ein Freier sein, aber ihn lieben, mich in ihn verlieben, das darf nicht passieren. Wer liebt, ist sexuell gehemmt. Obendrein hätte ich ein schlechtes, mich verklemmendes Gewissen, von einem, den ich liebe für Sex Geld zu verlangen. Kurzum, ich hüte mich davor, mich in einen Freier zu verlieben. Und ich verabscheue es, Liebe vorzutäuschen. Die meisten Freier erwarten das auch gar nicht. Sie wollen, daß ich sie sexuell aufregend finde, sie spüren lasse, daß sie mich anreizen, aufgeilen und daß ich es deshalb gerne mit ihnen mache. Das zeichnet doch jede gute Nutte aus und ich bin stolz darauf, eine zu sein. Sie macht es den Männern zwar nur für Geld, aber sie macht es gern und vor allem ohne Hemmungen, ohne Verklemmungen! Spitze ist natürlich, wenn der Mann erleben kann, daß er in der Lage ist, eine Frau zum Orgasmus zu bringen.

Ich muß meinen Freiern nur selten einen Orgasmus vortäuschen, mir kommt es oft echt. Es gibt Kunden, die allein schon dafür von sich aus das vereinbarte Honorar erhöhen. Ich lege mich eben nicht nur hin und lasse es mit mir machen, ich spiele mit und entfalte die sexuelle Fähigkeit des Mannes. Auch dann, wenn er Sadomaso verlangt! Gerade dann. Freier mit sogenannten abartigen Wünschen sind mir jedenfalls lieber als solche, die glauben, sie könnten für Geld „echte“ Gefühle kaufen. Zärtliche Küsse, gar Liebesgestammel, da raste ich aus.

Sex kann man bei mir kaufen, Gefühle jedoch nicht! Die meisten Freier akzeptieren das. Sie respektieren meine Professionalität und mich. Sie sind aufmerksam, höflich. Ich glaube, sie behandeln mich besser als ihre Frau. Es kommt schon mal vor, daß ich mir sage: Für diesen Mann könntest du mehr empfinden! Es ist sogar schon vorgekommen, daß ich mir einen meiner Stammkunden als Lebensgefährten, ja als Ehemann vorstellen konnte. Es passiert, daß ein starker, ein wirklich männlicher Mann, einer mit Power-Ausstrahlung und wacher Intelligenz, mich total anmacht. Bis jetzt gelang es mir immer, damit fertig zu werden, mich voll abzubremsen, mir meine Coolness zu bewahren. Was mir bislang nicht sonderlich schwer fiel: Erstens bin ich ein gebranntes Kind was feste Verbindungen oder gar eine Ehe anbelangt! Zweitens liebe ich meine so lukrative sowie interessante Arbeit als freies Callgirl und drittens zerstöre ich keine Ehen oder andere feste Partnerschaften. Einmal wieder heiraten, es das dritte Mal mit der Ehe versuchen, nicht auszuschließen. Wahrscheinlich wird es, sollte es je soweit kommen, keiner meiner Kunden sein. Auch keiner aus dem mittlerweile runden Dutzend meiner Stammkunden! Mit dem einen oder andern dieser Männer verbindet mich Freundschaft, die über eine bloße Sexbeziehung hinausgeht, aber doch auf Sex und nicht auf Liebe basiert.

Daran wird sich nichts ändern. Wenn ich es mir recht überlege, ich lebe gern so, wie ich es heute tue, allein für mich, für meine Tochter. Ja, ich liebe mein interessantes Leben, das übrigens ein höchst diszipliniertes Leben ist: Mindestens sechs Stunden Schlaf pro Tag. Täglich eine halbe Stunde Gymnastik, eine halbe Stunde Jogging, zweimal die Woche ins Fitnessstudio. Genau überlegte Ernährung, mäßig Alkohol, wenig Kaffee, keine Zigaretten, niemals Rauschgift. Ich achte auf meine Gesundheit, tue viel für Fitness und Aussehen. Gesundheit, Fitness und gepflegtes Aussehen sind mein Kapital. Ich vergeude es nicht. Natürlich wird dieses Kapitel nicht ewig reichen. Eine Mitvierzigerin bin ich, mit einem Jahrzehnt professionellen Liebemachens darf ich noch rechnen. Könnte sein, daß ich sogar noch einige Jahre länger arbeiten werde: Man schätzt mich auf Mitte 30, wenn ich in zehn Jahren für Mitte 40 gehalten würde, schlecht wäre das nicht.

Männer, Männchen und manchmal ein Mann

Erstkontakt mit einem Freier, so läuft das in der Regel: Das Telefon läutet, ich hebe ab, gurre mein anerkannt sinnliches, gekonnt gedehntes Jaaa in die Muschel. Ist ein Freier am Telefon, der mich auf eine Anzeige hin erstmals anruft, kommt sofort die Frage, ob ich Mona wäre...

Ja, ich bin die Mona, wer sind sie, antworte ich. Direkt zur Sache kommen die Anrufer nur zögernd, sie brauchen sofortige Nachhilfe, das heißt, ich beginne mit meinem bewährten Frage-Antwort-Spiel. Was erwartet der Anrufer, worauf steht er vor allem... Wo und wann möchte er mich treffen, wie sieht er aus, woran erkenne ich ihn sofort...

Damit ist dann schon mal einiges geklärt, ich kann mir ein ungefähres Bild machen, über meine Zu- oder Absage entscheiden. Dann nenne ich noch klar meine Bedingungen: Ich mache es nur mit Gummi, ich verlange Voraushonorar in der und der Höhe. Zögert der Anrufer daraufhin, hat er ein leichtes Flattern in der Stimme, fängt er vielleicht sogar an, um das Honorar zu feilschen, ist die Sache für mich erledigt, wird eingehängt.

Vorselektion, Grobselektion, ohne die ich keinen neuen Freier annehme. Ein Restrisiko läßt sich trotzdem nicht vermeiden, das Überraschungsmoment ist immer noch groß. Aber genau das macht Erstkontakte spannend für mich: Du kennst in etwa seine Wünsche, weißt aber nichts über seine Sexfähigkeit! Du kannst dir auf Grund des vorgeschlagenen Treffpunktes ungefähr eine Vorstellung von seiner Lebensart, seinem Niveau machen und auf jeden Fall einigermaßen sicher sein, daß der Mann kein ganz Armer ist. Ein interessanter, angenehmer, ein wirklich sympathischer Mensch muß er deswegen noch lange nicht sein.

Trotz telefonischer Vor- und Grobselektion, erlebt man vor Ort die tollsten Überraschungen, solche der angenehmen, aber auch solche der unangenehmen Art.

Eine Überraschung der angenehmen Art erlebte ich zum Beispiel erst neulich mit Hanno.

Als Treffpunkt hatten wir sein Zimmer in einem Hotel vereinbart. Ich kannte diese Vier-Sterne-Nobelherberge und wußte, daß man, um ungeschoren auf die Etagen gelangen zu können, die Halle sehr selbstbewußt, richtig forsch durchqueren und schnurstracks zum Lift gehen mußte. So hielt ich es auch diesmal. Als selbstbewußte, elegant gekleidete Dame gelangte ich auf die von Hanno genannte Etage, an sein Zimmer. Ich klopfte, er öffnete sofort, da stand er: Ganz mein Typ! Groß, schlank, sonnengebräunt. Ein dynamischer, ein dominanter Mann!

Hanno enttäuschte mich den ganzen Abend lang in keiner Weise. Beim Essen wählte er mit Geschmack, speiste er mit Genuß. Wir redeten, flirteten, wir unterhielten uns einfach prächtig.

Es gab nicht eine Minute peinlichen Schweigens. Er langweilte mich nicht, wie es so viele Männer tun, mit mehr oder weniger dämlichen Fragen über mein Leben. Er sprach mehr über sich, in fesselnder Weise tat er das. Ich erfuhr, daß er seit Jahrzehnten in der Schweiz lebt, in der Innerschweiz, am Vierwaldstätter See. Er behielt trotzdem seine deutsche Staatsbürgerschaft. Er machte mir klar, ohne jede Besserwisserei, was den Schweizer vom Deutschen unterscheidet... Es war so gegen 23 Uhr als wir aus dem Restaurant ins Hotel zurückkehrten, auf sein Zimmer gingen. Ich zog mich um, Sadomaso „light". Er trug eine schwarze hautenge Lederhose. Seinen Penis hatte er durch eine Halteschleife verstärkt.

Es läßt sich nicht anders sagen: Hanno überraschte mich mit einem Riesenschwanz, einem Glied, das auch im Zustand natürlicher, übrigens nie lange anhaltender Erschöpfung, beeindruckend formschön blieb. Es war erregend, wie schnell mein Zungenspiel seinen Penis immer wieder, insgesamt viermal zum Steifen machte!

Als ich mich um zwei Uhr früh verabschiedete, schob er mit lässiger Nonchalance ein Bündel Scheine in meine Handtasche. Was er bezahlte, lag weit über dem am Telefon vereinbarten Honorar. Er war eben hochzufrieden mit mir und ich war's mit ihm.

Einige Wochen später meldete sich Hanno wieder. Der zweite Abend mit ihm, dem bald darauf ein dritter folgte, verlief nicht weniger erfreulich als der erste!

Daniel war ein Freier, der, im Gegensatz zu Hanno, schlicht als häßliches Männchen bezeichnet werden mußte. Rötliches Haar, sehr dünn, käsiges, sommersprossiges, mageres Gesicht, schmale Hühnerbrust, ausladende Wampe.

Er hatte sich am Telefon als Flötisten bezeichnet. Ich wußte also, daß mich ein „klassischer" Blasjob erwartete. Daniel empfing mich in einem altmodischen Seidenpyjama, der ihm viel zu weit war, der richtiggehend an ihm schlotterte. Um es kurz zu machen: Nachdem sich mein erstes Entsetzen gelegt hatte, wurde der Abend mit Daniel doch noch zu einem Erlebnis der angenehmen Art.

Daniel war Orchestermusiker, tatsächlich auch beruflich Flötist, Soloflötist eines namhaften Sinfonieorchesters. Wir sprachen über Musik und Literatur, er brillierte, er war überhaupt dermaßen liebenswert und geistreich, daß man seine Häßlichkeit gar nicht mehr wahrnahm.

Seine Flöte, sie war allerdings so klein, daß sie auch im volleregierten Zustand in ihrer ganzen Länge in den Mund genommen werden konnte. Der ideale Penis für's Orale.

Ja, das war er, der Freier Daniel: Ein häßliches Männchen, ein Kleinpenisträger und doch ein angenehmer, sympathischer, ein interessanter und geistreicher Mann.

Zufällig am Abend darauf dann das genaue Gegenteil. Einer, der als Supermann auftrat, sich als absoluter Unsympath entpuppte.

Imposanter Zwei-Zentner-Mann, athletisch gebaut, über 1,90 m groß, Löwenmähne, über seinem fleischigen Nacken zum Pferdeschwanz gebunden. Buschige, eisgraue Brauen, Haarbüschel in den Ohren. Gelocktes Gewölle auf der breiten Brust. Dicht behaart auch die Schultern, der Rücken. Fast schon ekelhaft, diese affenähnliche Körperbehaarung. Seine Nase, auch das fällt mir wieder ein, seine Nase war ein wahrer Gesichtskerker, dessen Größe beim Küssen störte. Küssen. Er fing sofort damit an, er traktierte mich mit pennälerhaften „Liebesküssen". Während der Küsserei grapschte er sich mit der einen behaarten Pranke meine linke Brust. Er drückte und quetschte sie derart brutal, daß es schmerzte. Seine andere Pranke mühte sich, mich zu entkleiden. Schlimm war seine merkwürdig ölige Stimme. Wenn er nicht sabbernd auf meinem Gesicht herumküsste, laberte er: „Ich finde dich so lieb!“ „Du bist mein zuckersüßes Weibchen!“ „Findest Du mich auch so süß?“ „Ich suche Liebe, ich will Liebe!“ „Kannst Du mich nicht auch ein bißchen lieben?“ „Na, mein süßer Schatz, verlieben wir uns endlich, Liebe ist doch so schön!“ Er laberte mir seine dämlichen, kitschigen Sprüche ins Ohr, er sabberte mein Gesicht naß, er zog mich dabei langsam mit recht ungeschickter Hand splitternackt aus. Er legte nur sein Hemd sowie das Unterhemd ab, Hose, Unterhose, Socken und Schuhe behielt er an. Als er es endlich geschafft hatte, mich vollends zu entkleiden, begann er meinen Leib zu streicheln. Er machte keinerlei Anstalten, mich zu nehmen. Feuchte Küsse, behutsames Streicheln, dämliche Liebeserklärungen, dabei blieb es.

Schließlich hörte er auch damit auf. Er machte nicht weiter rum an mir. Er setzte sich bequem, holte seinen halbsteifen Penis aus dem Hosenschlitz, wichste ihn langsam, redete dabei ununterbrochen. Er sprach über sein Riesenvermögen, das ihn nicht glücklich mache... Er beklagte sein Pech mit Frauen, die letzlich doch alle Luder seien...

Sein Geschwätz langweilte mich, seine Wichserei ärgerte mich. Plötzlich stöhnte, röchelte er, packte er mich bei den Haaren, zog meinen Kopf zu seinem Schwanz, stopfte mir das mickrige, zu allem Übel auch noch schlecht riechende Ding in den Mund und ejakulierte beinahe augenblicklich! Danach fingerte er sich ein Taschentuch aus der Hosentasche, um seinen nun jämmerlich geschrumpften Penis gründlich sauber zu wischen. Eine knappe Stunde dauerte dieser seltsame Job. Kurz nach der Penissäuberung erhob er sich, zog Hemd und Unterhemd an, schlüpfte ins Sakko, legte drei akurat gefaltete Scheine aufs Bett und stolzierte aus dem Zimmer. Er hinterließ neben den drei Hunderten üblen Schweißgeruch. Seine Haut hatte eine scharfe, irgendwie essigsaure Ausdünstung gehabt, sein Penis eklig fischig gerochen.

Erfreulicherweise sind solche Unsympathen selten. Zumeist sind meine Freier einigermaßen sympathisch, zumindest nicht ausgesprochen unsympathisch.

Ob ich einen Mann sympathisch finde oder nicht, hängt nicht zuletzt auch davon ab, was und wie er spricht, daß mir sein Geruch zusagt, daß er eine gepflegte Haut hat. Käsige, schlaffe, gar mit Pickeln verunzierte Haut ist mir ein Greuel. Unangenehme Hautausdünstung, Schweißgeruch in den Achselhöhlen und in der Schamgegend, grauenhaft!

Es soll Kolleginnen geben, die sagen, wer nach Geld riecht, der darf ruhig stinken. Ich bin da anspruchsvoller.

Selbstverständlich mache auch ich es mit Stinkern und Mistverzapfern. Geschäft ist Geschäft. Aber ich mache es solchen Typen nicht gern. Die rauben mir die Lust, die bringen sich und mich um den Orgasmus. Zum Glück habe ich es, wie schon gesagt, mit solchen Kunden nur selten zu tun.

Die Mehrzahl der Freier sind Männer, die mich aufreizen und geil machen, denen ich deshalb Optimales bieten kann. Wirklich hochkarätige Freier sind natürlich ebenso selten wie echte Widerlinge. Für mich ist ein Mann hochkarätig, wenn er Power nicht nur hat, sondern auch ausstrahlt! Wenn er

Gelassenheit mit Brillanz verbindet, wenn Fairness, Noblesse, kurzum die Lebensart eines wahren Gentlemans für ihn etwas Selbstverständliches ist.

Ich schätze, daß auf hundert Männer höchstens zwei oder drei solche Männer kommen. Sie sind eine Rarität, die man auch unter den Freiern findet, die auf Sadomaso stehen.

Die Sadomaso-Typen. Sie verfügen über eine überdurchschnittliche Phantasie, sie sind ausgesprochen experimentierfreudig. Dazu kommt: Es ist weder ganz einfach noch billig, Sadomaso auszuüben. Sadomaso, ein sozusagen elitärer Sex?

Nun, soweit möchte ich nicht gehen. Obwohl die meisten Kunden, die das von mir verlangen, gutsituierte, zu den sogenannten Führungskräften gehörende Männer sind. Unternehmer, Topmanager, hohe Beamte. Erstaunlicherweise befinden sich auch viele jüngere Männer darunter. Gewisse Ticks oder Abnormitäten haben sie praktisch alle.

Mein Gott, wenn ich sie so alle in meiner Erinnerung aufkreuzen lasse! Es kann übrigens schon vorkommen, daß ich es Tage hintereinander fast ausschließlich Sadomasos oder solchen, die sich dafür halten, zu machen habe. Zufälligerweise, typischerweise an Wochenenden kommt es besonders dicht und dicke!

Freitag: Rudolf, etwa 30 Jahre alt, Juniorchef der väterlichen Sanitärgroßhandlung, noch unverheiratet, auch keine feste Freundin.

Rudolf hatte mich auf eine meiner Anzeigen in „Happy Weekend" hin angerufen, mich in seine Wohnung in Stuttgart-

Feuerbach bestellt. Mir kam das gelegen, weil ich noch am selben Abend, zwei Stunden später, einen Termin in Stuttgart-Sindelfingen hatte.

Ich mußte für Rudolf die sehr strenge Domina spielen. In extrem hohen Highheels hatte ich auf ihm herumzustöckeln und schließlich per Highheels seinen Penis zu bearbeiten. Penisbehandlung auf die grobe, die brutalste Art: Mit den hohen Absätzen, mit Schuhsohlen und Schuhspitzen!

Eine geschlagene halbe Stunde lang trotzte sein blau angelaufener, zu geradezu monströser Dicke angeschwollener Penis meiner Brutalmassage.

Endlich kam es ihm. Als ob der Schwanz ein Geysir wäre, so spritzte und spritzte es aus ihm heraus. Eine Menge Ejakulat hatte Rudolf abzuspritzen. Sein mißhandelter Schwanz, sein heftiger Orgasmus waren immerhin ansehnlich, mich durchaus aufgeilend.

Mein nächster Kunde an diesem Abend hatte mir in Sachen Sadomaso noch Ausgefalleneres zu bieten. Gut, er sagte mir bereits am Telefon klipp und klar, daß er eine superdominante Partnerin wolle, die Details verschwieg er allerdings. Ich kam wie vereinbart Punkt 22 Uhr in seiner Wohnung in Stuttgart-Sindelfingen an. Harry, so hieß der Mann mit Vornamen, wohnte in einer luxuriösen, zweistöckigen Splitlevel-Wohnung. Großes Wohnzimmer, teuere Sitzgruppen, Marmortisch, Orientteppiche, gedämpfte Beleuchtung, Spotlights auf die Gemälde, sanfte Musik.

Nachdem wir eine Flasche Champagner geleert hatten, führte er mich eine Treppe hinauf ins Schlafzimmer. Im Bad, vergoldete Armaturen, zweisitzige Wanne, in diesem Luxusbad legte ich mein SM-Outfit an: Highheels, Strümpfe an Strapsen befestigt, Lederhöschen, kein BH!

Er lag nackt auf dem Bett, an einer grünen Plastikflasche schnüffelnd. Aus der Flasche kam ein beißender, giftig süßlicher, würgender Geruch.

Auf einem niedrigen Tisch, er stand neben dem Bett, lagen Lederriemen, Schraubzwingen, Nadeln. Mit diesem Instrumentarium mußte ich nun Harry genau nach seinen Anweisungen lustbereitende Schmerzen zufügen. Es machte mir ehrlich zu schaffen, was er von mir verlangte. Zuerst hatte ich mit dem Lederriemen Schwanz und Sack abzubinden, dann legte ich seinem fülligen Eiergehänge die Schraubzwingen an, so fest, daß sich die Zwingen buchstäblich in den Hodensack bohrten! Durch jede der Brustwarzen mußte ich eine der langen Nadeln stechen, das kleine, zarte Häutchen unter der Eichel durchstach ich mit der kürzeren Nadel. Harry stöhnte, doch auf den Höhepunkt brachten ihn die Torturen keineswegs. Den verschaffte er sich zum Schluß selbst. Ich mußte mich so über ihn knien, daß mein Arsch sich unmittelbar über seinem Gesicht befand. Selbstverständlich hatte ich zuvor mein Höschen ausziehen müssen. Mit vollem, ganz nahen Blick auf meinen Anus und meine Möse begann er zu onanieren. Direkt vor mir war die Nadel im Häutchen unter der Eichel, sie mußte ihn beim Onanieren schrecklich schmerzen. Während er mit der einen Hand wichste, wühlte er mit der anderen in meiner Möse herum. Ich wollte es eigentlich nicht, die ganze Sache hatte mich nicht so richtig scharf machen können, trotzdem kam's mir. Ein gewissermaßen trockener, fast schon schmerzender Orgasmus. Ich schrie kurz, hoch, gellend. Fast gleichzeitig kam auch Harry. Dann durfte ich ihm die Nadeln ziehen, die Schraubzwingen lösen, den Lederriemen abnehmen.

Samstag.

Ich war eben fix und fertig und total verschwitzt vom Joggen heimgekommen, stand unter der Dusche, als Gernot aus Amorbach anrief: Ob ich heute nachmittag zur Hütte kommen könne, er brächte einen Mann mit, der es mit einem Paar treiben wolle. Zuschauen. Vielleicht auch mehr. Ein Oberregierungsrat, Endvierziger, verheiratet. Um 16 Uhr sollte ich da sein, wenn ich frei wäre…

Am diesem Samstagnachmittag war ich frei und so fuhr ich hin. Immerhin fast eineinhalb Stunden Fahrzeit! „Die Hütte“ gehört einem Onkel Gernots‘. Ein rustikales, geräumiges, behaglich eingerichtetes Blockhaus mitten im Forst, einige Kilometer östlich von Amorbach, also ganz hinten im Odenwald. Als ich ankam, waren die beiden Männer bereits da. Wo und wie Gernot diesen Freier aufgegabelt hat, wußte ich nicht, es interessierte mich auch kaum. Jedenfalls wirkte der Mann ziemlich verklemmt, beinahe schon ängstlich. Ich dachte mir gleich: Der ist völlig ungeeignet für Sadomaso, wahrscheinlich auch zu ungeschickt für normalen Sex. Als Gernot mich vor dem Mann nahm, mich wirklich brutal vögelte, wäre der Gute am liebsten auf und davon. Er machte auf jeden Fall diesen Eindruck auf mich. Gernot befahl ihm nach unserer Nummer in scharfem Ton, sich endlich ganz auszuziehen und es mir ordentlich zu machen. Er konnte nicht, er brachte einfach keine richtige Erektion zustande. Gernots unguter Befehlston, überhaupt die ganze Situation, meine Aufforderung, sich einen Gummi übers Glied zu ziehen, kurzum, alles war ihm offenbar höchst unangenehm. Wäre ich allein mit ihm gewesen, hätte es sicher geklappt. Ich spürte ja, daß ich ihm sympathisch bin, daß er geil auf mich war. Er befand sich halt im Zustand einer Blockade. Die Blockade auf geduldige, sanfte Art zu lösen, ihn langsam aufzutauen, anzureizen, Gernot ließ uns keine Zeit dazu. Ein mißglückter Job, kommt schon mal vor, ärgerlich war es trotzdem. Ich hab's nicht gern, einen Kunden unbefriedigt ziehen zu lassen. Wütend bin ich auch darüber gewesen, daß mich der Odenwald-Ausflug runde vier Stunden Zeit gekostet, mir jedoch nur das Honorar für eine Stunde gebracht hatte, das ich obendrein mit Gernot teilen mußte.

Statt wie vereinbart um 19 Uhr, traf ich erst um 20 Uhr bei Gebhard ein. Eine Stunde Verspätung. Das vorgesehene Abendessen in einem feinen Restaurant fiel deshalb aus. Hungrig mußte ich an die Arbeit gehen. Gebhard gehört zu meinen Stammkunden, ich wußte also, was er wollte: Dominus spielen. Er tat das immer auf die gleiche Weise, ich möchte fast sagen, nach demselben Ritual. Er zwang mich zu, wie er sie nannte, schweinischen Schamlosigkeiten. Er züchtigte mich zwar nie körperlich, dafür aber wollte er mich „als Frau" demütigen. Nein, Gebhard gehörte nicht zu den angenehmen Kunden und das meine ich wortwörtlich so!

Zunächst hatte ich einen extra großen, mich weit dehnenden Vibrator tief in meine Scheide zu stecken. Kurz bevor es mir vaginal kam, bohrte Gebhard einen Vibrator kleineren

Formats in meinen Anus. Mich gleichzeitig vaginal und anal bestückt zu sehen, meine Leibesöffnungen schmerzhaft gedehnt, prall gefüllt zu wissen, das machte ihn scharf. Während dieses Vorspiels beschimpfte er mich auf unflätige Weise. Ich mußte ihm geloben, mich zu bessern, mein Hurentum aufzugeben, nur noch ihm zu gehören, ihm in allem gehorsam zu sein. Die erste Gehorsamkeitsprobe war, daß ich sein Glied zu halten hatte, während er mit starkem Strahl in die Kloschüssel urinierte und, daß ich es anschließend sauber lecken mußte. Vor allem aber verlangte er, daß ich mich ihm zeige. In allen denkbaren Stellungen mußte ich mich darbieten. Nachdem er sich satt gesehen hatte, legte Gebhard sich auf den Boden. Er befahl mir, mich weit gespreizt über sein Gesicht zu stellen und mir dabei einen 2-Gang-Vibrator in die Scheide zu stecken. Was soll's, ich tat es. Ich hatte es ja schon oft getan, ich wußte, das geilt ihn dermaßen auf, daß er ohne Penisberührung zu seinem Orgasmus gelangt. Was mich diesmal störte: Er mampfte während meiner Schau mindestens ein Pfund Trauben in sich hinein. Das ärgerte mich so, daß ich ihn am liebsten geohrfeigt hätte.

Gebhard war Mitte 30, Raimund höchstens 25!

Ich stelle fest, daß gerade meine Sadomaso-Kunden immer jünger werden. Sie könnten dem Alter nach durchaus meine Söhne sein. Ich gebe zu, ich mache es gern mit jüngeren Männern: Allein schon ihre noch straffen Körper, ihre noch naturfrische, gesunde Haut erregen mich!

Raimund, ich traf ihn am Sonntag nach dem etwas mißglückten Samstag, konnte mit all diesen Vorzügen aufwarten. Dazu hatte er auch noch fülliges, wirklich prachtvolles, blondes, richtiggehend goldblondes Haar. Es war herrlich, darin herumzuwühlen. Unser Treffpunkt war sein Appartement in einem Mannheimer City-Boarding-Hotel. Raimund ist Bezirksvertreter einer großen Textilfirma, die ihm das Appartement gemietet hat. Was bringt diesen wirklich knackigen, ungemein attraktiven jungen Mann dazu, mit mir, der um 20 Jahre älteren Frau, auf Sadomaso zu machen? Was bringt alle die noch recht jungen Freier dazu, es so wie Raimund zu halten? Sie haben schöne, junge, echt tolle Freundinnen oder Ehefrauen, sie führen mit ihnen ein normales, manchmal sogar recht intensives Sexleben. Und doch…

Ich sprach mit Raimund darüber, ich spreche mit vielen jungen Freiern darüber – offen, ohne Scheu und Prüderie.

Auch Raimund sagte mir, daß es die Freude am Experimentieren sei, die Neugierde, die Lust darauf, Sex einmal anders zu erleben. Frei von Gefühlen, jedoch keineswegs gefühllos! Deshalb sei er geil auf Sadomaso, deshalb mache ihm dieser unalltägliche Sex so viel Lust! Um ganz normalen Sex zu genießen, würde er niemals „zur Hure gehen", normalen Sexgenuß biete ihm auch seine Freundin, ohne daß er dafür bezahlen müsse. Aber Sadomaso, sagte Raimund, dazu braucht der Mann eine Spezialistin, eine Professionelle.

Ich bewies ihm an diesem Sonntagabend, daß ich eine wirklich professionelle Spezialistin bin. Drei Stunden lang hatten wir viel Spaß miteinander, genossen wir beide das reine Sexvergnügen.

Die Raststätte nach dem Autobahnkreuz Baden-Baden ist eine der Autobahnraststätten, in denen man nicht nur gut essen, sondern auch passable Bekanntschaften machen kann. Ich spreche aus Erfahrung. Nun, Willi war eine solche Bekanntschaft. Der Zufall wollte es, daß in der Raststätte nur noch ein Platz frei war, der an meinem Zweiertisch. Wir kamen ins Gespräch, es dauerte nicht lange, bis es zwischen uns funkte.

Er strengte sich wirklich an, mich anzumachen und ich war nicht abgeneigt, mich anmachen zu lassen. Der Mann, ich schätze ihn auf Mitte 20, war groß, blond, anregend lebhaft, sympathisch auf Anhieb. Er zeigte sich auch nicht im geringsten schockiert, als ich ihm zu verstehen gab, daß ein Zusammensein mit mir seinen Preis hat.

Ich gefiel ihm, er gefiel mir, wir wurden uns einig. Am nächsten Abend wollten wir uns wieder in der Raststätte treffen, um dann zu einer Liebesherberge der besonderen Art zu fahren, er wüßte eine tolle Adresse. Na, ja.

Am nächsten Abend zeigte es sich, daß mir Willis' „tolle Adresse" vom Hörensagen bekannt war. Es handelte sich um das „Haus Rosenhag". Ein Etablissement für Pärchensex. Ich bin noch nie dort gewesen. Meine Neugierde war also groß. Haus Rosenhag. Eine burgartige Villa im Zuckerbäckerstil der Jahrhundertwende. Das verschachtelte Gebäude mit umlaufenden Natursteinarkaden wird von einem Turm beherrscht und ist von einem parkähnlichen Garten umgeben. Viele alte Bäume. Seerosenteich. Ein Rosenbeet, dem das Haus wohl seinen Namen verdankt, das mir jedoch etwas mickrig vorkam.

Imposant sein wollende Mickrigkeit, so läßt sich meiner Ansicht nach auch das Interieur der Villa beschreiben. Muffig, irgendwie spießig wirkte das Haus mit dem poetischen Namen auf mich. „Rosenhag“, ein doch wohl unpassender Name für einen Spezialpuff. Denn das ist der Zweck dieses Etablissements: Paaren die Möglichkeit bieten, sich mal mit einem anderen Partner oder einer anderen Partnerin zu paaren. Einige Paare, das stellte ich im Laufe des Abends fest, wollen gar nicht mit dem Partner tauschen, sie begnügen sich mit der Möglichkeit, finden die allein bereits geil genug. SM-Praktiken, Oral- und Analverkehr sind übrigens im Haus Rosenhag nicht zugelassen. Gleichgeschlechtliche Paare auch nicht.

Im Rosenhag wird nicht gepeitscht, getreten, gezwickt. Da gibt es keine Wasserspiele, da werden keine Ärsche gefickt. Petting ist dafür in allen Gangarten zugelassen, vom Streicheln, Haarkraulen, Brüstegrapschen bis hin zum Zungenkuß und Zwischen-die-Beine-fassen.

Der eigentliche Geschlechtsverkehr spielt sich hinter verschlossenen Türen auf den Zimmern ab. Ich bin mir sicher, er wird zumeist zu zweit und nur selten zu viert ausgeübt. Es gibt allerdings einen Raum für Gruppensex. Von den jeweils links und rechts anschließenden Räumen aus kann man durch Gucklöcher die Orgie beobachten, falls eine stattfindet. Als Willi und ich an den Gucklöchern standen, fand gerade keine statt.

Aber wir waren auch ohne eine solche Peepshow ganz schön geil. Wir machten es insgesamt fünfmal miteinander. Jedesmal in einem anderen gerade freien Zimmer. Wir standen weder auf Gruppensex noch auf Partnertausch. Wir waren irre scharf auf uns. In den Pausen schlenderten wir im Haus herum, wie alle anderen Paare auch in Unterwäsche. Ich im schwarzen Body, Willi im kardinalroten Slip. Deutlich war zu erkennen, daß er einen strammen Penis hatte, den er nach links oben trug.

Die Wäscheshow war teils drollig, teils animierend: So an die hundert Erwachsene in Reizwäsche!

Willi erwies sich als immun gegen Fremdreize. Er wollte es mit mir, immer wieder nur mit mir machen. Dabei fiel gottlob kein Wort über Liebe und so. Romantische Gefühlsduselei kam nicht ins Spiel. Wir genossen ganz einfach unsere Körper, unseren Sex, unsere Zweisamkeit. Nur in den Sexpausen, wenn wir im Haus umhergingen, an der Bar saßen, tat er dann so, als ob wir ein richtiges Liebespaar wären. Zwei- oder dreimal versuchten Frauen, sehr attraktive jüngere Frauen, sich an ihn ranzumachen. Sie hatten keine Chance Willi von mir wegzulocken. Ich muß zugeben, Willis „Treue“ gab mir ein Gefühl des Stolzes. Ein Mann, der dem Alter nach mein Sohn sein könnte, der wußte, daß ich eine bin, die es für Geld macht – so ein Mann spielt nicht nur den bis über beide Ohren Verliebten, er ist es tatsächlich, wenn auch nur für einige Stunden!

Der Abend mit Willi im Haus Rosenhag. Ein Job wie jeder andere, dachte ich zuerst. Doch es kam anders. Der Job wurde zum überraschenden, unerwarteten, sehr schönen Erlebnis. Ein Erlebnis, für das ich mich natürlich nicht bezahlen ließ. Wir trafen uns übrigens nie wieder. Wie auch? Willi wollte weder meine Telefonnummer noch meine Adresse wissen.

Das Haus Rosenhag habe ich seitdem nicht mehr betreten. Es hat zu viele Unzulänglichkeiten. Nicht nur, daß es zu wenig Duschen gibt, man kann auch nirgendwo Kondome kaufen. Schutz gegen eine Ansteckung mit Aids? Mir erschien er völlig unzureichend. Man muß zwar bei der Anmeldung, nach Vorlage eines Ausweispapiers, per Unterschrift bestätigen, daß man HIV-negativ ist, man erhält daraufhin dann eine weiße Armbinde, die signalisiert, daß man aidsfrei ist. Jeder hat eine solche Binde getragen. Doch was besagt das schon.

Gewiss ist es gut gemeint, die Paare auf Aids und die Gefahr einer Ansteckung hinzuweisen, durch die peinliche Befragung bei der Anmeldung, mit der Ausgabe von weißen Binden.

Die Leute dazu verpflichten, es nur mit Kondomen zu machen, Kondome anzubieten und vielleicht sogar kostenlos auszugeben, das wäre die wirksamste Aidsverhütung. Nur, es gab halt nirgendwo in dieser Lustvilla einen Automaten oder andere Möglichkeiten, an die schützenden Gummis zu gelangen. Nebenbei bemerkt, es gab auch keine Abfallbehälter für gebrauchte Kondome. Ein schlimmes Manko. Wer keine Kondome dabei hatte, machte es eben ohne oder gar nicht. Ich meine: Partnertausch und Gruppensex ohne Gummi, das grenzt an Selbstmord!

Richard geht nicht, er tritt auf, ein wenig großspurig, aber nicht arrogant, selbstbewußt eben. Stets trägt er Maßanzüge mit hochgezogenen spitzen Jackenaufschlägen, dazu grundsätzlich blaue Hemden und phantastisch bunte Schlipse. Die sehr kräftig gemusterten Krawatten sehen aus, als wären sie von einem irrsinnigen Designer oder einem Maler der „Neuen Wilden“ entworfen worden.

Das Outfit dieses Mannes macht es nicht leicht, ihn irgendwo einzuordnen. Einerseits gediegen, herrenhaft, andererseits verwirrend ungewöhnlich, schreiend grell sogar. Das

Beständige an Richards Erscheinungsbild ist das Widersprüchliche. Ich kann das so auf den Punkt bringen, weil ich Richard seit gut zwei Jahren kenne und immer wieder treffe.

Kennengelernt habe ich ihn auf der Frankfurter Buchmesse. Wir waren beide aus beruflichen Gründen auf dieser Superschau der Büchermacher: Ich als „Schöne für die Nacht", er als Literaturkritiker eines angesehenen Magazins. Richard erwies sich nicht nur als veritabler Literaturkenner, sondern auch als erfahrener Sexkenner, Spezialgebiet Sadomaso. Ich hab's nachgezählt: Seit der Buchmesse im Oktober vorvorigen Jahres bin ich genau 16 mal mit Richard zusammengekommen. In Frankfurter und Hamburger Hotels, in Pensionen im Taunus und in der Lüneburger Heide.

Seine Wohnung in Hamburg-Blankenese war und ist für mich tabu. Ob er allein lebt, verheiratet ist, eine Freundin hat, ich weiß es nicht.

Richard. Immer der Dominus. Ein tatsächlich dominierender Mann. Obendrein erfinderisch, phantasievoll. Was er verlangt, was wir zusammen machen, es geht manchmal bis hart an die Grenze. Nicht auf die brutale, gefährliche Weise. Richard ist kein Grenzgänger, der mit Peitschen, Ketten, Schraubzwingen und Nadeln auslotet, wie weit man mit dem Quälen und Foltern gehen kann, an sich selbst oder an der Partnerin.

Richard ist Grenzgänger und manchmal auch Grenzüberschreiter in einem anderen Sinne. Ein Beispiel dafür:

Eines Tages rief er mich aus Hamburg an, mit seiner verführerisch baritonalen, klar modulierenden Stimme sagte er: Mona, Liebes, setz dich in den Flieger, komm rauf nach Hamburg, morgen mit der Frühmaschine. Ich erwarte dich am Flughafen! Mir ist heute das total Absolute eingefallen. Wir machen es wie noch nie! Bring den schwarzen Lacklederanzug mit, du weißt schon, den, den ich so liebe! Komm! Tschüss!

Das „total Absolute" machte mich natürlich neugierig. Am nächsten Vormittag, der Flieger war so gegen 9 Uhr in Hamburg, fuhren wir in seinem Landrover raus, schräg hinein ins Hamburger Hinterland. Öde, flache Gegend. Kuhweiden, Kuhherden, Kuhfladen, frische Kuhfladen. Wir mußten durch Drahtzäune klettern, uns einen Weg durchs dumme Rindvieh bahnen, ununterbrochen den Kuhfladen ausweichen.

Ich trug in einer Hand meine Highheels, in der anderen den Koffer mit dem Lacklederanzug. Mit meinen hohen Absätzen wäre ich auf diesem Gelände keinen Schritt weit gekommen. Er, wie immer im Maßanzug, stiefelte in Cowboyboots voraus.

In einer feuchten, teilweise morastigen Wiesensenke, die fast zu einem Drittel von einem trüben Weiher ausgefüllt war, zogen wir uns um. Seinen Anzug samt Hemd und Krawatte, mein Kostüm sowie mein Koffer und den Highheels legten wir auf ein trockenes, leidlich sauberes Brett. Wie das hierherkam, weiß der Himmel. Wir schlüpften, zutreffender gesagt, wir zwängten uns in die Lederdresses, beide Anzüge Spezialanfertigungen nach Richards Geschmack. Sein Anzug war vorne offen, er ließ Penis und Sack frei. Mein Anzug war im Schritt so eng, daß sich deutlich meine fleischigen Schamlippen abzeichneten, und er war hinten offen, er ließ meine beiden Pobacken in voller Rundung frei. Eine wilde Jagd begann.

Wir rannten aus der Senke heraus, kreuz und quer über die Kuhweide. Richard verfolgte mich mit einer Gerte in der Hand. Er zog mir, so oft er mich erwischen konnte, die Gerte über's nackte Hinterteil. Das tat weh und ich rannte so schnell ich konnte, um meinen Po vor Richard in Sicherheit zu bringen.

Ich fiel hin, er fiel hin, immer wieder, wir rutschten ganz einfach auf den glitschigen Kuhfladen aus. Bald waren unsere schwarzen Lederanzüge von oben bis unten mit schmutziggrünem Kuhmist beschmiert. Eine unappetitliche Schweinerei und doch ungewöhnlich erregend.

Schließlich konnte ich nicht mehr. Ich blieb nach dem nächsten Ausrutscher einfach liegen. Soll er doch meinen Nackten peitschen. Er tat es nicht, er fuhr vielmehr mit der Handkante in meiner freiliegenden Pokerbe auf und ab, zwängte dann seine Hand unters Leder, ballte sie zur Faust, stieß sie in meine Scheide. Faustfick auf der Kuhweide.

Nicht gerade das total Absolute, dachte ich mir, bestimmt aber etwas Neues. Hernach trug er mich zurück zum Weiher. In unseren Lederanzügen stiegen wir ins Wasser. Den ärgsten Schmutz konnten wir abwaschen. Dennoch stanken wir noch nach Kuhdung und Moderwasser, als wir in der kleinen Landpension eintrafen, in der Richard ein Zimmer mit Bad reserviert hatte. Wir duschten, rieben uns mit Duftwasser ein…

Ich fühlte mich hundemüde nach unserer seltsamen Landpartie. Doch ich verwehrte es Richard nicht, sich seine Befriedigung zu verschaffen. Ich überließ ihm meinen Anus. Zweierlei verschafft Richard die totale Befriedigung: Erstens, sich skurrile Sexspiele ausdenken und mit mir ausführen, zweitens, einen knackigen Arsch ficken. Ich lasse das nicht gerne mit mir machen. Meistens lehne ich es sogar mit Entschiedenheit ab. Aus gutem Grund. Bereits ein normal starker Penis läßt sich nur unter Schmerzen in den Anus einführen. Daran ändert auch eine Salbung mit Gleitcreme nicht viel. Mit Richard ist das anders.

Richard hat den idealen Penis für Analverkehr. Lang, ungewöhnlich lang sogar ist Richards Glied, dünner Schaft, keine allzu dicke Eichel.

Auch wenn er zwei Kondome überzieht, meinen Anus fickt Richard immer mit Doppelschutz, gleitet sein Penis leicht hinein. Ist er dann in fast voller Länge drin, stößt Richard nicht brutal zu, er bewegt den Schwanz behutsam, schonend sachte, richtig sanft. Richard genießt und beherrscht den Analverkehr wie ein Homo, obwohl er keiner ist. Er gestand mir allerdings, daß er es zwischendurch auch mit Männern mache, nicht, weil er auf Männer steht, sondern ausschließlich ihrer fickgewohnten Ärsche wegen. Homos hätten, sagt Richard, oft einen geweiteten und immer einen gründlichst gesäuberten Anus. Das besonders hohe Aids Risiko? Mit Doppelschutz durch zwei Kondome sei es auf das Minimum reduziert, eigentlich ausgeschlossen. Na ja.

Mir fällt da Waldemar ein. Wie so viele Männer lernte ich ihn auf Grund einer Anzeige in „Happy Weekend“ kennen. Er wollte mit mir zusammenarbeiten, sich mit mir als Paar anbieten. Um diesen Waldemar kurz zu beschreiben: Alter 38, sieht aber um Jahre jünger aus. 1,80 groß, schlank, blond, blaue Augen. Steht auf ältere Frauen und Männer. Liebt es, auf Parties als Lustsklave aufzutreten. Er vermietet sich auch dann und wann für einige Zeit an einen Dominus. Er scheut vor nichts zurück, was seinen Ruf als Sklave erhöhen kann. Dafür praktizierte Waldemar zum Beispiel über Wochen hin Dehnungsübungen, mit denen er systematisch seinen Anus weitete.

Waldemar führte zunächst kleine Dildos ein, ging dann zu großen und immer noch größeren über, bis es ihm endlich gelungen war, einen Dildo von 25 cm Länge und 5 cm Durchmesser einzuführen. Waldemar ist nicht nur einer, der sich extrem müht und quält, er liebt auch das Risiko: Er macht es und läßt es sich machen ohne Kondome zu tragen oder zu verlangen. „Ich verlasse mich auf meinen Instinkt, immer die richtige Auswahl zu treffen“ sagte er mir wörtlich. Mich hat sein Vertrauen auf den Instinkt davon abgehalten, mit Waldemar zu verkehren oder gar mit ihm zusammenzuarbeiten. Männer, die ohne Kondome verkehren, sind mir zu gefährlich. Sie stellen ein Ansteckungsrisiko dar, auf das ich mich unter keinen Umständen einlasse. Lieber verzichte ich auf einen Job, mag er noch so lukrativ sein!

Die Versuchung untreu zu werden

Es gibt sie, die Tage, an denen ich mit der Versuchung spiele, mein Callgirl-Leben aufzugeben. Warum soll ich es nicht endlich auch so wie die meisten anderen Frauen machen, mich fest an einen Mann binden, allein ihn für mich aufkommen lassen? Besonders an Tagen, an denen ich ein schlechtes Gewissen meiner Tochter gegenüber habe, kommt diese Frage hoch. Meine Tochter wächst in die Pubertät hinein, braucht nun noch mehr Zuwendung, braucht eine Mutter, die vor allem Zeit für sie hat! Mehr Zeit für meine Tochter ließe sich doch nur machen, wenn ich die Callgirl-Tätigkeit an den Nagel hängen würde?

Doch wovon könnten wir dann leben? Von einem Mann, einem Ehemann, einem Freund? Gut, das Allfinanzgeschäft, mein „offizieller" Beruf, wirft hie und da etwas ab. Nicht viel, auf jeden Fall nicht genug. Ich betreibe dieses Geschäft ja auch praktisch nur nebenbei, habe es so gut wie einschlafen lassen. Festhalten will ich trotzdem daran. Meine Allfinanz-Tätigkeit gibt mir ein solides, ein bürgerliches Image, in den Augen der Nachbarn, der Familie und meiner Tochter. Soll ich es aktivieren, dafür die Callgirlarbeit allmählich sein lassen? Manchmal komme ich in die Versuchung. Seltener, viel seltener als früher geschieht das, aber es geschieht. Dann begebe ich mich auf Suche nach einem festen Partner. Per Privatinserat. Ich glaube schon, daß meine Inserate gut formuliert sind, denn auf jedes Inserat hin liegen eine Menge Antworten in meinem Postfach. Nur den mir wirklich interessant erscheinenden Antworten trete ich näher, drei, höchstens vier sind es in der Regel. „Näher treten" heißt, daß ich die Herren persönlich in Augenschein nehme, gründlich teste, auch in Hinsicht auf ihre sexuellen Fähigkeiten. Eine gute berufliche Position und Geld müssen sie haben, völlig klar. Aber ich verlange mehr. Verlange ich zuviel? Möglich, doch ich kann nicht anders. Ich lege eben professionelle Maßstäbe an. Wahrscheinlich ist es mir nicht mehr möglich, Männer mit den Augen einer „normalen" Frau zu sehen. Ich betrachte und beurteile jeden Mann aus der Sicht einer Frau, deren Metier das Liebemachen ist. Ja, ich gehe die Sache professionell an. Das ist auch der Grund dafür, daß es mir auf meinen Test-Touren schwer fällt, für das, was ich den Probanden biete, womit ich sie auf Sexfähigkeit teste, rein gar nichts zu verlangen. Aber kann ich als Callgirl auftreten und zur Kasse bitten, wenn es um die Herstellung einer festen Verbindung geht? Bis jetzt bin ich noch nach jeder Testtour reumütig zu meinem Metier zurückgekehrt. Die Männer, die ich auf Privatanzeigen in der Rubrik „Ehe und Bekanntschaften" kennenlernte – keinen von ihnen konnte ich mir als festen Partner vorstellen. So lief das immer bisher, so war es auch bei meinem vorerst letzten Versuch.

Eine Anzeige in der Wochenendausgabe der Frankfurter Allgemeinen brachte mir 26 Antworten ein, auf die vier verlockendsten reagierte ich. Drei der Herren meiner engeren Wahl lebten im Raum Frankfurt, der vierte in der Nähe von München daheim, jedoch bereit, zu einem Treff nach Frankfurt zu kommen. Zuerst nahm ich mir den Mann vor, der sich in seiner Antwort auf mein Inserat als sehr gutaussehenden Mitfünfziger bezeichnet, sowie als Topmanager eines Konzerns vorgestellt hatte.

Wir trafen uns in einem Landgasthaus, ziemlich weit außerhalb Frankfurts. Der Mann war in jeder Hinsicht eine herbe Enttäuschung. Schiefe Kaninchenzähne, Schweinsäuglein, Hängebauch. Wie konnte sich so einer als gutaussehend bezeichnen? Top-Position in einem großen Konzern, auch das war stark übertrieben gewesen. Es stimmte zwar, daß er in einem Konzern angestellt war, doch er nahm dort eine allenfalls mittlere Position ein, als Abteilungsleiter im Rechnungswesen. Er hatte, was sein Aussehen sowie seine Position anging, milde gesagt, leicht übertrieben. Was mich gewaltig störte: Er war ein schrecklicher Blechtrommler! Er sprach den ganzen Abend lang immer nur von sich, welch toller Hecht er sei, daß er schon viele tolle Frauen gehabt hätte, jetzt aber endlich die richtige Frau finden möchte, und so weiter. Meine Fragen, vor allem die, was er sich unter einer richtigen Frau denn vorstelle, überging er einfach. Ich stellte mir diesen häßlichen Schwätzer im Bett vor und schüttelte mich innerlich. Nein, soweit mußte es nicht kommen, mit dem auch noch ins Bett zu steigen. Der Mann war bereits vorher durchgefallen. Warum hatte der mir geschrieben, wie konnte ich bloß meine Zeit mit einem solchen Typen vergeuden? Abgehakt.

Mit dem nächsten Mann lief es anders, entschieden besser. Er sah sehr gut aus, war obendrein erfolgreicher Unternehmer. Ich konnte ihm das glauben, weil er mich nach dem ersten Kennenlernen in einer Hotelbar nach Hanau in sein Unternehmen mitnahm. Eine nicht sehr große, aber hochmoderne Fabrik für irgendwelche elektrische oder elektronische Bauelemente.

Erich, so hieß der Mann mit Vornamen, wohnte im zweigeschoßigen Verwaltungsgebäude direkt über den Büroräumen. Er lebte bereits einige Monate lang getrennt von seiner Frau, Scheidung komme aber nicht in Frage, sagte er mir. Was er suche, sei eine feste Freundin, eine, die wirklich lieb und auch richtig geil sei! Erich sagte mir das ganz offen. Das gefiel mir überhaupt an dem Mann, seine Offenheit, Geradlinigkeit, die Sachlichkeit, mit der er über alles sprach. Er war offenbar einer, der ohne Umschweife zur Sache kommt. Er hatte auch nichts dagegen, daß ich seine Geilheit erprobte.

Erich konnte mit einem Penis aufwarten, der es verdient, als bildschöner Schwanz bezeichnet zu werden. Ein formvollendetes Glied und leider auch ein übernervöses. Es reagierte richtiggehend hysterisch aufs Telefonläuten. Da das Telefon im Laufe des Abends aufregend oft läutete... Das war ärgerlich und belustigend zugleich: Das Telefon läutet und der wunderschön Steife wird augenblicklich schlaff, fällt einfach um! Während Erich telefoniert, fingere und lutsche ich seinen Penis wieder zum Steifen. Ich wichse und wichse, er muß jetzt endlich kommen und da läutet auch schon wieder das Telefon... Was nützt da alle Geilheit? Business geht vor. Jedenfalls war es für Erich so. Mir könnte das auf die Dauer nicht behagen.

Der dritte Mann dann, auf den ersten und auch noch auf den zweiten Blick recht ansprechend. Er war allerdings schon so um die 60 herum und mit einem enormen Webfehler gestrickt. Er lebte bis Mitte 50 in der väterlichen Villa mit seiner alten Mutter zusammen. Nach dem Tod seiner Mutter hatte er die Villa total renovieren lassen. Jetzt suchte er endlich eine Frau, eine fürs Leben, wie er sagte. Nun, das Haus war renoviert, aber er selbst, hatte auch er sich erneuert? Was mir übrigens in seiner Villa besonders imponiert hat, war das Bad. Keine der üblichen Naßzellen, ein Prachtraum, ein Luxuswohnbad! Die Wanne stand in der Mitte des Raumes und war so groß, wie ich es bisher noch nie gesehen habe. Überall Spiegel, nicht nur an den Wänden, auch an der Decke. Grünpflanzen, Farne, Palmen, einfach phantastisch! Zweifellos war der Mann in der Lage, mir einen goldenen Käfig zu bieten, ein finanziell sorgenfreies, ein luxuriöses Leben. Ja, der verfügte mit Gewißheit über ein ansehnliches Vermögen. Was seine Männlichkeit betraf, er ließ sie ohne jede Hemmung testen, war nichts Ansehnliches festzustellen. Sein Penis war klein, einer der kleinsten, die ich je in Händen hatte. Das Schlimme: Auf normale Weise ließ dieses Schwänzchen sich nicht hochbringen. Es war mit einem Wort verkehrsuntauglich. Um dieses schwache Glied stark zu machen, mußte sein Besitzer sich einen Vibrator in den Hintern stecken, hatte ich es mir zur Brust zu nehmen, zwischen meine Brüste zu zwängen, mit beiden Brüsten zu massieren. Abgehakt.

Alois aus Großdingharting bei München, auf dieser Testtour der letzte und beste Mann. Kein Adonis, nicht sonderlich gekleidet, fast zu salopp angezogen. Einer, der sich keine Gedanken über sein Erscheinungsbild macht. Alois, ein waschechter Oberbayer, ein lieber Mensch. Sexuell – die

Bombe. Großartiger, unermüdlicher Ficker. Zudem einer der seltenen Männer, die es verstehen, das Sexuelle erotisch zu würzen. Die Nacht, die wir zusammen in einem Frankfurter Hotel verbrachten, war beglückend, berauschend, für ihn und für mich!

Beim Frühstück, wir nahmen es auf dem Zimmer, kam dann die Ernüchterung. Für mich war's ein Hammer, als Alois mir erzählte, wie es um seine Ehe stand. Er sei unglücklich, doch eisern verheiratet. Mit einer Frau, die ihn nicht versteht, ihn sexuell in keiner Weise befriedigen kann, befriedigen will. Sie mache ihm das Leben zur Hölle, doch aus vielen Gründen wäre eine Scheidung unmöglich. Dieser wunderbare Mensch, dieser kraftvolle, direkt kraftstrotzende, so überaus sinnliche Mann war ein armseliger Ehekrüppel! Gewiss, er war bereit, er versuchte es, zu entfliehen. Aber er konnte und wollte nur heimlich und zeitweilig fliehen. Er war zu keiner radikalen Lösung, sondern nur zu einem feigen Kompromiß fähig. Er war bereit, mich zu seiner festen Freundin zu nehmen, mir eine Wohnung in München zu kaufen. Wieder nur ein Kompromiß! Und was würde das für ein Leben für mich sein? Auch Alois wurde von mir abgehakt.

Nun stand keiner mehr auf meiner Liste. Wenn ich ehrlich bin: Ich war froh darüber. Froh, daß es mir leicht gemacht wurde, mich auf keine feste Bindung einzulassen. Mein Leben als freischaffendes Callgirl ist mir tausendmal lieber als Gefangenschaft in einem goldenen Käfig, trotz aller Härten und Risiken!

Intermezzo vor der Kamera

Seit der Zeit in Schaffhausen hatte ich in keinem Porno mehr „mitgewirkt“. Nicht, weil sich mir keine Möglichkeit geboten hätte, mir fehlte es einfach an der Lust, es in einem schmuddeligen Atelier vor einem schmuddeligen Team mit obskuren Partnern zu treiben.

Waldemar, dem Mann, der zusammen mit mir als Callpaar arbeiten wollte, der es stets ohne Gummi macht, der systematisch seinen Anus geweitet hat, diesem Typ gelang es, mich zu überreden. Die Satyr-Production sei eine solide, professionelle Firma, die überdurchschnittlich bezahle und gute Arbeitsbedingungen biete. Ein glücklicher Zufall sei es, daß gerade für eine neue Produktion die Rolle einer schon etwas älteren Sadomaso-Lady zu besetzen wäre, eine Bombenrolle. Für mich geradezu maßgeschneidert! Warum eigentlich nicht, sagte ich mir. Ich bin ja nicht so wie damals, auf den Filmjob angewiesen, mit der Filmproduktion buchstäblich verheiratet.

So ließ ich es zu, daß Waldemar der Satyr Bilder von mir zeigte, einen Termin für mich vereinbarte. Meinem Wunsch gemäß, konnte ich an einem Montag, meistens mein jobfreier Tag, bei der Satyr-Production antanzen. Sie befand sich in einem öden Gewerbegebiet in der Nähe von Frankfurt. Ein völlig charakterloser Gewerbebau der billigen Art. Vorher war wohl eine Spedition darin untergebracht. Kleines, enges Bürogebäude, daran angebaut eine lange, hohe Lagerhalle, die jetzt teils als Werkstätte und Magazin, großteils als Filmatelier genutzt wurde. Das Chefbüro war kaum größer als meine Küche, 10 qm waren es schätzungsweise. Das Zimmerchen bot gerade mal Platz für Schreibtisch, Chefsessel, Besucherstuhl und einen altmodischen Rollschrank. „Gestatten, Schulz“ stellte sich der massige, fast zwei Meter große Mann vor, dem, ich wußte das bereits von Waldemar, die Satyr-Production gehört. Ein aalglatter Businesstyp. Sein Alter war schwer zu schätzen. Er konnte Mitte 50, aber auch schon Mitte 60 sein. Feistes, gesund gerötetes, auf den ersten Blick faltenloses Gesicht. Totalglatze, dicker kurzer Hals, ölige Stimme. Dezent getupfte Seidenkrawatte, makellos weißes Hemd mit Manschetten, hellgrauer Anzug mit auffallend schmalen Jackenaufschlägen. Ein sich seriös gebender, dabei mit allen Wassern gewaschener Geschäftsmann. Einer von der Sorte, die dich auf die sanfte Tour unbarmherzig über den Tisch ziehen. Ich war auf der Hut. Er schien überrascht, sogar irritiert zu sein, daß ihm kein leicht zu überredendes Dummchen gegenübersaß, sondern eine Geschäftsfrau. Eine, die alle Spielregeln kennt und sie auch zu nutzen weiß! Sofort spürte ich, daß er mich respektierte, daß ich ihm gefalle und daß er mich für die Rolle haben möchte. Klar, er wollte mich billig einkaufen, für 300 Mark Tageshonorar. Ich schaffte es, meinen Preis auf 700 Mark hochzuhandeln.

Der Film, für den ich nach einer Stunde zähen Verhandelns engagiert worden war, wurde mir vom Regisseur, einem Herrn Rammelsberger, geschildert. Als gestrenge Oberstudienrätin komme ich nach dem Unterricht zufällig in das Klassenzimmer zurück. Ich ertappe zu meinem Entsetzen einige meiner Schülerinnen und Schüler bei Sexspielen. Ich lasse mich zum Mitmachen verführen, erweise mich nach einem scharfen Strip als geil und erfahren, lehre den Schülerinnen und Schülern Sadomasotechniken, gebe mich den jungen Leuten als Sklavin hin. Die Kulissen standen bereits. Rammelsberger konnte mir im Detail sagen, wo und wie ich zu spielen hätte. Selbstverständlich würden die Schülerinnen und Schüler nicht von Jugendlichen gespielt, sondern von Darstellern über 18! Zwei Tage darauf: Drehbeginn.

Ich hatte um 8 Uhr im Atelier zu sein. In einem engen Verschlag wurde ich geschminkt. So gegen 9 Uhr begann meine erste Szene. Obwohl es nur um meinen Eintritt ins Klassenzimmer, meine Überraschung, mein Entsetzen ging, dauerte es bis Mittag, bis die kurze Szene im Kasten war. Parallel dazu hatte man die Sexspiele der jungen Leute gedreht. Biederer Gruppensex. Am Nachmittag war ich mit der ersten geilen Sache dran. Ich wurde angemacht, aufgegeilt, verführt. Was ich dabei zeigte, fiel nicht ganz zur Zufriedenheit der Herren Schulz und Rammelsberger aus. Es fehle mir noch an der nötigen Lockerheit, um zunehmende Geilheit sowie wachsende Verführungsbereitschaft glaubhaft ausdrücken zu können. Man ließ sich etwas einfallen, um mich zu lockern. Während das Team Pause machte, hatte mir in einer finsteren Atelierecke auf einem schäbigen Sofa einer der „Schüler" den Kitzler zu massieren und mir seinen Ständer zum Kauen zu überlassen. „Anwärmen" nannte Regisseur Rammelsberger diese Prozedur. Nach dieser Spezialbehandlung ging es weiter. Diesmal mit mehr Erfolg: Ich spielte die Angemachte, die Aufgegeilte tatsächlich überzeugend. So gegen Abend legte ich dann noch einen Strip hin, der, ich sah es deutlich, etliche Glieder vollsteif werden ließ. Ich bin mir sicher, daß auch der Kameramann, die Techniker sowie die Herren Schulz und Rammelsberger Ständer hatten. Ich hatte Stimmung in den Schuppen gebracht, es knisterte irgendwie! Dann jedoch: Licht aus, danke meine Damen und Herren, morgen ist auch noch ein Tag… Schade, ich war gerade dabei, Spaß an meiner Arbeit zu haben. Das absolute Drehende für mich brachte der nächste Vormittag.

Mein Strip war im Kasten, wir arbeiteten jetzt alle nur noch im Eva- beziehungsweise im Adamskostüm, ich, die vier jungen Kolleginnen, die vier Jungmänner. Jeder von ihnen war mit einem wahren Hengstglied gesegnet. Eine Neuner-Orgie stand jetzt im Drehbuch. Ich sollte dabei viermal genommen werden, live, von vorn, von hinten. „Gut" sagte ich, „wenn es so im Drehbuch steht, aber ohne Gummi kommt mir keiner rein!" „Nein" schrie mich Rammelsberger an, „mit Gummi wird bei uns nicht gedreht! Mädchen, stell dir doch vor, wir zoomen voll auf den Penis und der ist mit einem Kondom verunstaltet! Werbung für Kondome! Das wollen unsere Kunden nicht sehen, das macht doch nicht scharf, das macht Angst!" Um es kurz zu machen: Rammelsberger konnte mich weder überzeugen noch einschüchtern. Ich weigerte mich, es mir ohne Kondome machen zu lassen, Zoom hin, Zoom her. Es half der Satyr-Production auch nichts, daß der dicke Schulz mir Vertragsbruch vorwarf. Hätte ich Kondome gleich zur Bedingung gemacht, wäre ich niemals engagiert worden! Nun, so ging mein Intermezzo vor der Kamera halt schon am zweiten Drehtag zu Ende. Sollte sich bei Satyr ohne Kondome ficken lassen, wer will: ich mache sowas jedenfalls nicht mit.

Ein Glücksfall: Der Freier Tommi

Wir kommen mindestens einmal im Monat zusammen. Wir verbringen die Nacht in einem Hotelzimmer, dinieren in einem Feinschmeckerlokal und jedesmal ist es auf's Neue so:

Wenn ich mit diesem Mann zusammen bin, fühle ich mich wunderbar! Voll anerkannt als Frau, richtiggehend geborgen sogar, irgendwie daheim. Tommi und ich. Unsere Beziehung war und ist eindeutig die zwischen Freier und Nutte. Ich bin ihm keine Freundin im landläufigen Sinne. Wir haben kein „ehebrecherisches" Verhältnis miteinander. So wie andere Männer hie und da in den Puff gehen, trifft er sich ab und zu mit mir zum Liebemachen. Eine klare Sache: Tommi ist mein Freier.

Wir saßen gerade, es war ein warmer Sommerabend, auf der Terrasse der Isenburg. Das ist der Treff für Kölner Gourmets. Tommi, er ist zwar kein Kölner, sondern ein Duisburger, hatte mich schon öfter hierher eingeladen. Meistens saßen wir im renaissancegestylten Speisesaal, immer am gleichen Tisch. Diesmal dinierten wir ausnahmsweise im Freien. Das Menü war wieder ausgezeichnet. Wir hatten einen Sommersalat mit Lachsstreifen und geschmorte Kaninchenkeule genossen, das Dessert stand uns noch bevor. Nun saßen wir entspannt und aufs Angenehmste gesättigt da. Wir sprachen über das neueste Buch von Botho Strauß. Tommi hatte es mir bei unserem letzten Zusammensein als Geschenk mitgebracht. Ja, Tommi schenkt mir jedesmal ein Buch. Er weiß, daß ich gerne und viel lese. Tommi ist der einzige Freier, mit dem ich über Bücher sprechen kann, der mir sogar Bücher schenkt! Tommi nahm meine Hände zwischen seine Hände. Unsere Finger spielten das Nachtischspiel. Wir spielten es immer, wenn es Zeit wurde aufzubrechen, weil es uns drängte, es endlich miteinander zu machen! Unsere Sexnächte in Luxuszimmern von First-Class-Hotels... Niemals würde mir Tommi eine billige Absteige zumuten. Noch niemals gab es für mich an seiner Seite dieses häufige, fast schon übliche Problem, an der Rezeption vorbei unbemerkt auf die Etage zu gelangen. Es ist für Tommi eine Selbstverständlichkeit, daß auch in dieser Hinsicht geschieht, was und wie er es will. Er gibt reichlich Trinkgelder, er rundet alle Rechnungen großzügig nach oben ab, aber allein daran liegt es nicht, daß ich auch in Hotels, wo unsereins normalerweise mit keinem Freier aufs Zimmer gehen darf, anstandslos auf Tommis' Zimmer gelange. Ich meine, es liegt vor allem am Auftreten, an der ganzen Art dieses Mannes! Stimmt schon, Tommi riecht nach money. Man spürt es und sieht's ihm an: Geld haben ist für ihn eine Selbstverständlichkeit. Auch wenn Tommi kein reicher Mann wäre, würde er überall dominieren, sich immer durchsetzen. Dominant sein, nicht als Macho, als rüpelhafter Rülps, dominieren ohne jede Angeberei, dominieren mit selbstverständlicher Selbstsicherheit, das ist ihm, so glaube ich, ganz einfach angeboren. So was hat man oder nicht, mit Geld läßt sich wahre, die naturgegebene Dominanz nicht erwerben. Selbstverständliche, deshalb angenehm bescheiden wirkende Selbstsicherheit, die Gelassenheit eines wirklich starken Mannes, genau so läßt sich auf den Punkt bringen, was Tommi auszeichnet. Im Umgang mit Menschen, Geld und mir!

Natürlich hat auch dieser Mann seine Schwächen. Soweit sie unbehebbar sind, nimmt er sie gelassen hin. Eine Schwachstelle, sozusagen seine sexuelle Achillessehne, sie stört mich, seitdem ich Tommi kenne, ist seine Unfähigkeit, es mir mit dem Penis zu machen. Das liegt nicht an der Größe seines Gliedes, Tommi ist auch keineswegs impotent. Er hat „nur" eine Abneigung, eine tief wurzelnde Aversion gegen den normalen Geschlechtsverkehr. Nun ja, nur Rammeln, das mag ich auch nicht. Trotzdem bin ich der Meinung, daß auch das zur Sexualität gehört. Tommi hatte damit seine Probleme. Ich frage mich, wieso eigentlich: Mit der Hand bringe ich seinen Schwanz spielend hoch. In meiner Hand oder zwischen meinen Brüsten kommt er zu voller Erektion, doch sobald ich ihm den Gummi überziehe, spüre ich, wie er seine Härte verliert, biegsam wird und abschlafft. Tommi schämt sich dessen nicht, er stellt gelassen fest: So geht's bei mir eben nicht, sorry, nichts zu machen. Schade, denn ich würde sein Glied gerne tief in mir spüren, mich von ihm nicht immer nur mit Fingern oder Faust zum Orgasmus bringen lassen. Ich hab es gern, einen starken Penis in mir zu spüren, vor allem dann, wenn er einem sympathischen Freier gehört. Doch ich sage mir: Nobody is perfect, auch Tommi ist es nicht. Ich sagte mir das, denn seit unserem letzten Zusammensein weiß ich, daß das Perfekte auch diesbezüglich durchaus möglich ist.

Tommi hatte am Mittwochvormittag mit mir vereinbart, daß wir uns am Freitagabend treffen. Er rief mich noch zweimal an, am Donnerstag, am Freitag früh, um mir zu sagen, wie sehr er sich auf unser Treffen freue. Er rief bei mir daheim unter meiner Privatnummer an. Tommi ist einer der wenigen

Freier, denen meine Privatnummer bekannt ist. Freitagabend. Auf hochhackigen schwarzen Schuhen, im kurzen schwarzen Ledermantel, ich ließ ihn offen, zeigte mein auf Figur geschnittenes kardinalrotes Kostüm, stöckelte ich in die Hotelhalle. Er saß bereits da, sprang sofort auf, stürmte auf mich zu, Umarmung, Küsse! Wir gingen auf's Zimmer. Wir tranken unseren Welcome-Drink, sahen uns an, schmiegten uns aneinander... Ich fühlte mich herrlich wohl, fand alles phantastisch. So ergeht es mir bei keinem anderen Freier, so fühle ich mich nur bei Tommi.

Freier? Job? Begriffe, die da nicht passen, obwohl es doch so ist: Tommi bezahlt mich für die Nacht, honoriert mich großzügigst! Zunächst gingen wir Essen. Er hatte Appetit auf Austern, ich richtigen Hunger. Wir fuhren also mit dem Lift ins Restaurant hinunter. Tommi bekam seine Austern, ich wählte einen üppigen Vorspeisenteller. Wir tranken eine Flasche Chablis. Alles war perfekt, die Qualität der Speisen, der Tischservice, auch unser Flirten. Ich gestand ihm, daß ich naß bin und völlig bloß zwischen den Schenkeln, daß ich eine unten offene Strumpfhose trage und sonst nichts. Ganz schön angetörnt und richtig beschwingt fuhren wir nach oben. Trinken wir noch was, fragte Tommi. Schon wieder, dachte ich mir, ein Glas Wein vielleicht, antwortete ich ihm. Er bestellte eine Flasche Champagner für sich, eine Flasche Frankenwein für mich. Nicht ein Kellner, gleich zwei Kellner brachten das Bestellte. Sie stellten ein Tischchen auf, entkorkten die Flaschen, schenkten ein, zogen sich diskret wieder zurück... Wir tranken unsere Flaschen leer und wurden davon nichts weiter als leicht beschwipst. Tommis Manneskraft konnte der Champagner jedenfalls nichts anhaben. Im Gegenteil, in dieser Nacht gelang es uns sogar, sein Glied einigermaßen steif bei mir einzuführen. Es klappte freilich nicht ganz, die Steife ließ schnell nach, der Penis machte schlapp. Es kam ihm auch diesmal wieder nur auf die gewohnte Weise. Ich mußte Tommis Penis mit der Hand erregen, im Mund zur Steife bringen, ihn dann zwischen meine Brüste nehmen. Brustfick und Busenbespritzen als Höhepunkt, wie immer.

Mein zweiter Versuch, Tommi mösengeil und seinen Penis fickfit zu machen, scheiterte. Vielleicht hat er eine Abneigung gegen Gummi? Vielleicht sollte ich es Tommi ohne Kondom machen lassen? Das verstieß zwar gegen meinen Grundsatz, aber bei Tommi könnte ich bereit sein, eine Ausnahme zu machen. Sollte ich? Ja, ich werde es tun. Mit diesem Gedanken schlief ich ein, nachdem mich Tommi in rührend besorgter, lieber Weise gebettet hatte. Er legte die Decke über mich, gab mir einen zärtlichen Gutenachtkuß, zog die Vorhänge zu, löschte das Licht und ging hinüber in sein Schlafzimmer. Ich schlief fast augenblicklich ein, tief, fest. Wach wurde ich gegen 8 Uhr. Oh je, wie haben verschlafen, er wollte sich doch um 7 Uhr von der Hotelrezeption wecken lassen! Hatte er gestern vergessen, das an der Rezeption zu sagen? Nackt wie ich war, ging ich durchs morgenhelle Wohnzimmer in sein noch abgedunkeltes Schlafzimmer. Er schlief, ohne Pyjama, nackt, genau wie ich schlief er grundsätzlich nackt. Ich kroch unter die Decke, kuschelte mich an ihn. Seine Wärme, seine nackte warme Haut, der feste, runde Arsch, ich preßte meine Möse an ihn, rieb sie an ihm. Das alles erregte mich. Ich griff nach seinem Penis, hoffte auf die bei Männern übliche Morgensteife,

Wassersteife. Doch sein Ding war winzig klein, weich... Ich begann damit, es zu bearbeiten. Sachte erst. Als ich merkte, daß es meine Hand zu füllen begann, dicker wurde, sich allmählich reckte, griff ich fester zu. Ich wichste den Schwanz nach allen Regeln der Onanierkunst. Tommi wurde wach, mit einem Stöhnen der Lust wachte er auf. Er ließ geschehen, was ihm geschah. Er drehte sich um, lag nun auf dem Rücken. Sein Penis stand wie ein Pfahl, größer, steifer hatte ich Tommis Glied noch nie zuvor gesehen. Ich zögerte nicht, keine Sekunde zögerte ich mehr: Im Reitsitz nahm ich ihn, vergewaltigte ich Tommi! Erstmals füllte mich sein Schwanz, machte er nicht vorzeitig schlapp, wurde sogar immer stärker! Tommi stöhnte, bäumte sich, pfählte sein Glied tiefer in mich. Bis zum Anschlag hatte ich es drin und mir kam es, wie es mir bei Tommi noch nie gekommen war! Erstmals brachte ich ihn da zum Spritzen, wo er noch nie ejakulierte, tief in meiner Vagina. Ich hatte es, wir hatten es endlich geschafft. Danach ging es wie jedesmal weiter: Tommi-like. Opulentes Frühstück auf der Suite, im Wohnraum, am freundlich gedeckten Tisch. Kuvert mit großem Schein und Dankesworten. Packen. Gepäck wird abgeholt. Die Wagen werden vorgefahren.

Tommi begleitet mich zu meinem Auto, umarmt und küßt mich. „Danke, Mona! Wir sehen uns bald wieder, ich freu mich schon heute darauf, mach's gut!" Dieser Mann, ein Glücksfall von Freier! Freier? Ich könnte mir vorstellen, an seiner Seite zu leben. Glücklich zu leben. Was soll's, ich weiß, daraus kann nichts werden. Ein paar schöne Stunden, eine ihn und mich beglückende Nacht hie und da, so wird es, so muß es bleiben.

Das Geschäft läuft prima, aber...

Auf Gernot's Rat hin begann ich, im Sex-Magazin „Happy Weekend" mit einem Farbfoto zu inserieren. Ich fand mein Ganzkörper-Konterfei trotz Farbe und meiner tizianroten Perücke ziemlich fad. Ich hätte mich viel lieber in meinem neuen Beate-Uhse-Lederbikini ablichten lassen. Gernot war dagegen, Akt ist wirksamer, sagte er. Nun ja, er hatte wieder einmal richtig geraten.

Es erwies sich bereits nach dem ersten Inserat, daß die „Happy-Weekend-Leser" mein Foto ganz und gar nicht fad finden.

Seitdem ich mich in Farbe anbiete, ist die Zahl der Anrufe geradezu explodiert. Das Band meines Anrufbeantworters ist jeden Tag fast vollgesprochen. Als ich noch mit dem unscharfen Schwarzweißfoto inserierte, lag der Tagesdurchschnitt bei etwa 20 Anrufen, jetzt sind es pro Tag 40 bis 50! Natürlich ist mehr als ein Drittel der Anrufe wertlose Streu: Blödsinniger Schweinskram, wirre Männerphantasien, dämliches Gequassel oder auch die bloße Angabe einer Telefonnummer, die dann, hakt man nach, gar nicht stimmt. Was sollen solche Anrufe? Genügt es manchen Männern bereits, bei einer wie mir anzurufen, um sich eine gewisse Befriedigung zu verschaffen? Ich weiß es nicht, es ist mir auch egal.

Das Geschäft läuft jedenfalls prima. Dazu kommt, wirklich verrückt ist das, daß auch mein Allfinanzladen allmählich auf Touren kommt. Manchmal denke ich mir, ob es auf Dauer möglich sein kann, zwei Berufe zu haben, beide Geschäfte zu betreiben, das Geschäft mit dem Liebemachen und das mit Immobilienmakeln und den Finanzierungsvermittlungen. Zweifel an meiner Leistungskapazität, die ich jedoch gleich wieder verdränge. Ich sage mir: Alles eine Frage der Einteilung, der Selbstorganisation. Was sehr dabei hilft: Ich setze meinen Computer für Terminplanung sowie Terminwahrung ein. Selbstverständlich kann er mir nicht abnehmen, was ich für die wichtigste Terminvorbereitung halte: Das prüfende, selektierende Gespräch am Telefon. Darauf verzichte ich nicht. Dafür muß einfach Zeit sein. Völlig klar, daß ein solches Gespräch nicht für die Qualität des Jobs garantieren kann. Überraschungen sind immer noch drin, sowohl angenehme als auch unangenehme. Was die Freier wollen, läßt sich relativ leicht feststellen, wie sie dann wirklich sind, läßt sich höchstens vermuten.

Sonntag. Wenn es irgendwie geht, ist dieser Tag mein totaler Ruhetag. Faul sein, daheim und allein sein! Nach einer harten Woche und vor allem nach den besonders anstrengenden Freitagen und Sonnabenden die pure Notwendigkeit. Natürlich bringe ich auch sonntags nicht ganz aus dem Kopf, was an den Tagen zuvor Sache war. Ich sehe Freier vor mir, mache mir Gedanken über sie und ihre oft recht seltsamen Vorlieben. Warum verlangen so viele Männer, ich habe den Eindruck, es werden immer mehr, daß ich ihre Brustwarzen zwirble, lecke, beiße? Warum brauchen diese Männer das, um einen Steifen zu bekommen und ihren Saft abspritzen zu können?

Bert zum Beispiel, einer der Freier, die ich im Laufe eines Freitags zu beglücken hatte. Wirklich ein Wahnsinnstyp, dieser Bert: Dunkelgelockt, braungebrannt der ganze schlanke

Körper. Mordsbizeps, prachtvolle Oberschenkel, muskulöser strammer Hintern. Triathlet sei er, sogar ein Ironman, also ein Super-Triathlet, hatte Bert mir erzählt. Von Beruf war er Ingenieur bei Porsche in Stuttgart-Zuffenhausen. Ich fragte mich: Hat er es nötig, sich sein Sexvergnügen zu kaufen? Der könnte doch an jedem Finger eine tolle Freundin haben!

Sein Schwanz, sehr attraktiv, aber erst nach Brustwarzenbehandlung richtig zu gebrauchen. Ich mußte die winzigen Knospen belecken, beknappern. Eine Mühe, die sich lohnte. Berts' Penis bekam durch dieses Vorspiel Hengstformat. Zweimal fickte mich der Prachtschwanz, jedesmal brachte er mich zum Orgasmus.

Hugo, Nummer zwei an diesem Freitag, schaffte es dafür nicht einmal! Dieser Mann war der absolute Wichser. Er bezahlte mich für's ihn aufgeilende Zuschauen und für's anreizende Brustwarzenbearbeiten. Hugo's Warzen waren so klein, daß sie kaum gefaßt werden konnten. Um sie zwirbeln zu können, mußte ich mir erst die Finger naß machen. Dann ging es etwas leichter und Hugo kam in Fahrt. Er onanierte und onanierte, dabei stöhnte er, stampfte mit dem Fuß auf den Boden bevor und während es ihm kam. Zweimal wichste er sich einen runter, jedesmal führte er dabei die reinste Wichsorgie vor!

Der dritte Job an diesem Tag. Auch er war einer von denen, die nicht gerade begeistern. Randolf, ein Freier der mich ärgernden Art. Einer, der sich auch „bei der Nutte“ aufdringlich fürsorglich gibt. Einer mit der süßlichen Sanftheit eines leicht

Schwulen. Ein Dauerstreichler! Einer, der mit leiser Stimme Fragen stellt, die man aus Mitleid mit Ja beantwortet... „Ist‘s gut so?“ „Magst Du das?“ „Ich mach‘s dir gut, oder?“ „War ich gut?“ Ich ließ mich streicheln, obwohl es mir lästig war. Ich ließ ihn seinen Schwanz reinstecken, täuschte ihm einen Orgasmus vor, sagte, daß es gut war, daß er gut ist. Mir war klar: Der will nichts weiter als Selbstbestätigung. Er will es vor allem zu hören bekommen, daß er gut ist im Bett. Genau dafür bezahlt er!

Gerbert, der vierte und letzte Freier, verlangte mehr, aber auch mit ihm war‘s kein erfreulicher oder zumindest interessanter Job. Er hatte zwar am Telefon gesagt, daß er auf Sadomaso stehe, aber was er darunter verstand, war einfach zu simpel, zu billig. Mit beiden Händen brutal an den Schamlippen zerren, eine Hand bis zum Gelenk in die Vagina zwängen. Das tat weh und war doof. Gerberts' Penis, sehr kurz, ein Nichts beinahe. Seine Brustwarzen hingegen, ungewöhnlich lang. 1,5 Zentimeter! Sie in den Mund nehmen, daran saugen, in sie hieinbeißen, das verlangte er und das ließ seinen Kleinen eine Idee größer werden. Als der Miniaturschwanz zum mundfüllenden Format angeschwollen war, fing ich an, ihn so gut es ging zu blasen. Er schmeckte nicht gut. Ich war froh, daß Gerbert ihn mir entzog, um sich einen herunterzuwichsen. Direkt vor meinem Gesicht onanierte er, mitten ins Gesicht spritzte er seine Ladung. In meine Möse greifen soweit es ging, mich die langen Brustwarzen bearbeiten und den kleinen Schwanz ein bißchen blasen lassen, schließlich direkt vor meinem Gesicht onanieren und ejakulieren – diese Prozedur lief noch einmal ab. Dann war er „kaputt". Ich zog mich an und ging. Zum Glück ist nicht jeder Tag so ein Tag wie dieser Freitag.

Zahnarzt, Kieferchirurg, Großpraxis in Hannover, Dr. Dr. Rolf Irrgang. Erstaunlicherweise „Happy-Weekend-Leser". Seinen Worten nach ein „sehr strenger Dominus". Seit Jahren auf der Suche nach der „idealen Sklavin". Nur mal kennenlernen wollte er mich zunächst, mit der Absicht, eine „so intensive wie dauerhafte SM-Beziehung" herzustellen. Dafür sei ihm der Weg von Hannover nach Karlsruhe nicht zu weit. Ich müßte mir allerdings Zeit für ihn nehmen, zwei Tage etwa. Na ja, mal schauen, dachte ich mir. Vielleicht wird's ein interessanter Job, gut bezahlt ist er auf jeden Fall.

Der Doppeldoktor bot mir bereits für's erste Zusammentreffen ein recht anständiges Honorar an. Vereinbarter Treffpunkt: Die Halle des besten Hotels am Platze. Er werde schon am Nachmittag im Hotel absteigen, mich wolle er aber erst um 22 Uhr in der Halle treffen. Leicht zu erkennen wäre er, am total schwarzen Outfit, an den Stiefeln und ein ungewöhnliches Gesicht mit drei auffälligen Warzen habe er.

Es regnete an diesem Abend. Ich hatte deshalb wetterfeste Schuhe mit massigen Plateausohlen angezogen, was nicht so richtig zu meiner übrigen Bekleidug paßte: Schwarzer kurzer Lackledermantel, sehr kurzer schwarzer Rock, schwarze Strumpfhose, schwarze durchsichtige Bluse. Er wollte ganz in Schwarz kommen, also kam ich auch so! Wie gewöhnlich überpünktlich betrat ich um 21 Uhr 56 die Halle. Ich ließ mich in einen der tiefen Ledersessel fallen, stellte fest, daß der Doktor-Doktor noch nicht da war. Nur zwei etwas angegraute Herren saßen in der Halle. Schwarz war keiner gekleidet. Der eine hatte eine Zeitung vor dem Gesicht, der andere starrte mich über zwei Sitzgruppen weg unverschämt unverblümt geil an.

Es war mittlerweile 22 Uhr 20 geworden. Ich ärgerte mich über die Unpünktlichkeit des Zahnarztes, über meine unpassenden, unvorteilhaften Plateauschuhe und die ganze Situation. Endlich, kurz nach 22 Uhr 30, ich wollte gerade gehen, betrat ein schwarzgekleideter, gestiefelter, mit drei Warzen verunzierter Mann die Halle. Mit leicht wiegendem Cowboyschritt, mit einem Gangwerk à la Gary Cooper, ging er sofort zielstrebig auf mich zu.

Er war's. Schwarzes Hemd, schwarze schmale Lederkrawatte, schwarzer Feincordanzug, schwarze Stiefel unter den Hosenbeinen, drei Warzen im auffallend bleichen, stark faltigen, gefurchten Gesicht... Kein Wort der Entschuldigung für sein Zuspätkommen. Was sofort störte, unangenehm berührte: Seine Stimme war schneidend. Ein Hannoveranisch der unguten Art! Obendrein sprach er seltsam abgehackt. Alles, was dieser Mann sagte, hatte einen unsympathischen Befehlston.

Wir gingen gleich an die Hotelbar. Er stiefelte voraus, setzte sich hin, dachte gar nicht daran, mich zuerst Platz nehmen zu lassen. Er bestellte Wein, erst eine Flasche, dann noch vier Flaschen, ohne mich nach meinem Getränkewunsch zu fragen. Er goß auch immer nur sich selbst ein. Ein Mann ohne jede Höflichkeit. Den Wein schüttete er geradezu in sich hinein. Er soff ihn buchstäblich, ohne daß der Alkohol irgendwelche erkennbare Wirkung zeigte. Dazu quasselte er, dazu qualmte er, praktisch pausenlos. Kettenraucher von schwarzen

Zigarillos! Natürlich fragte er nicht, ob mir das angenehm sei, obwohl er doch feststellen konnte, daß ich Nichtraucherin bin.

Er erzählte viel und alles hatte einen negativen Touch. Er sonderte sozusagen am laufenden Band Gehässigkeiten ab. Ein verbitterter Mensch mit einem bitteren Gesicht. Dieses Gesicht! Ein langes, tief gefurchtes Gesicht. Große Tränensäcke, schwere Augenlider, wulstige Unterlippe, Pferdegebiß, Elefantenohren. Und dazu drei dicke Warzen auf der rechten Wange, in gleichem Abstand voneinander, gleichsam ein gleichschenkeliges Warzendreieck bildend.

Gegen 3 Uhr früh hatte er plötzlich genug vom Wein, vom Gequassel und wohl auch von mir. Mitten in einem Satz brach Rolf das Gespräch ab, ruckartig und zu meinem Erstaunen keineswegs schwankend stand er auf, brüsk verabschiedete er sich. Er legte keinen Wert darauf, mit mir die restlichen Nachtstunden zu verbringen. Mir war das nur recht. Ich hatte dringend frische Luft und meine Ruhe nötig.

Wie abgesprochen holte ich ihn am Vormittag kurz vor 10 Uhr im Hotel ab, um mit ihm nach Heidelberg zu fahren. Er wollte Heidelberg sehen, ich sollte es ihm zeigen. Zunächst sah ich ihn, zeigte er sich mir. Ich hatte ihn ja auf seinem Zimmer zu unserem Ausflug abzuholen. Rolf war noch nicht angezogen. Ein kurzer, nicht einmal bis zu den Knieen reichender, an den Ärmeln ausgefranster Kimono, das war alles, was er anhatte. Ich sah seine dünnen, unbehaarten Beine. Entsetzlich verunstaltete Storchenbeine. Ein Geflecht von Krampfadern überzog sie, scheußlicher Anblick! Da sein Kimono vorne weit aufklaffte, konnte ich gleich auch einen Blick auf sein Gehänge werfen: Faltiges Schrumpelsäckchen, winziges, erbärmlich winziges Schwänzlein! Erschütternd. Mit sowas kann ein Mann es keiner Frau auf die normale Tour machen. Er verschwand für eine Weile im Bad. Ich sah mich um.

Was mir sofort ins Auge fiel, waren ein randvoller Aschenbecher und zwei geleerte Kaffeekannen, Thermoskannen. Literkannen, die man ihm auf's Zimmer gebracht hatte. Dieser über die Maßen häßliche Mann war nicht nur ein maßloser Trinker und Kettenraucher, er trank auch im Unmaß Kaffee. Warum er mich nach Heidelberg schleppte, mich als Stadtführerin haben wollte, verstand ich nicht so ganz. Er, der angeblich noch nie in dieser Stadt gewesen ist, wußte mehr über sie als ich, er wußte einfach alles über Heidelberg. Er wußte überhaupt alles besser und fand alles schlecht und mies und eigentlich unerträglich. Bei unserem sehr späten Mittagessen jammerte und schimpfte er fortgesetzt. Drei Gerichte vertilgte Dr. Dr. Irrgang, eine Flasche Wein und zwei Flaschen Mineralwasser trank er!

Sein Gejammere und Geschimpfe galt während des ersten Gerichtes seiner Zahnarztpraxis. Dieser nichtsnutzige, total unfähige Gesundheitsminister ruiniere ihn mit der verdammten Gesundheitsreform. 50 Prozent Umsatzeinbuße müsse er in diesem Jahr verkraften. Während Rolf sich über das zweite Gericht hermachte, wie ein Halbverhungerter schlang er das Chateaubriand in sich hinein, beklagte er seine Schwierigkeiten, endlich die richtige, für ihn richtige Frau zu finden. Beim dritten Gericht beschimpfte er dann Gott und die Welt, die Parteien, den Lions Club. Wobei sich seinen Ausführungen entnehmen ließ, daß er FDP-Mitglied ist und seit Jahren dem Lions Club angehört! Was dieser Mann von mir wollte, wurde im

Laufe des Nachmittags klar. Wir waren schon wieder eingekehrt. Diesmal begnügte er sich mit einem kleinen Steak und einigen Bieren, als er mir im Detail schilderte, was er sich unter Sadomaso vorstelle: Piercing der scharfen Art zum Auftakt einer, wie er es nannte, SM-Session. Ringe durch die Schamlippen und Brustwarzen bohren, sie mit Gewichten beschweren. Dann die derart Geschmückte einen Tag lang, lieber noch tagelang quälen bis Blut fließt. Ihren nackten Hintern so peitschen, daß er mit blutigen Striemen bedeckt ist. Ihren Arsch so bearbeiten, daß sie tagelang nicht mehr darauf sitzen kann! Selbstverständlich muß die Frau den ganzen Tag über nackt bleiben, nur Strümpfe darf sie tragen. Wenn sie sich mit seiner Erlaubnis auf einen Stuhl setzt, hat sie die Schenkel zu spreizen, ihr Geschlechtsteil zu zeigen. Sie muß sich rammeln lassen, in der Vagina, im Anus, so oft er, der Dominus, Lust darauf hat. Sie hat sich nicht nur von ihm, sondern auch von seinen Freunden nehmen zu lassen. Ist einer der Freunde nicht zufrieden mit ihr, wagt sie gar einen Widerspruch, gibt's Strafe: Peitschen, peitschen, bis Blut rinnt, bis die Arschbacken aufplatzen.

Grausames verlange er von einer Sklavin, aber sie würde dafür außerordentlich gut bezahlt. Grundpauschale für einen Tag 1000 Mark, Extraprämien für jedes Auspeitschen und weil er oft darauf Lust habe, könnte ich leicht auf 2000 Mark pro Tag kommen. Selbstverständlich müßte das alles in seinem Haus in Hannover stattfinden. Da könnte ich ruhig schreien vor Schmerzen, um Gnade winseln. Mein Schreien gebe ihm den „ultimativen Kick". Er komme nur zu einem Orgasmus, wenn die Frau vor Schmerzen schreit, ihn um Gnade anbettelt. Nein, dazu war ich nicht bereit, nicht für noch soviel

Geld! Eines wollte ich jetzt: Diesen Job so rasch wie möglich hinter mich bringen.

Den Rest des Tages verbrachten wir zunächst wieder in der Hotelbar. Wieder soff er flaschenweise Wein, wieder qualmte und quasselte Dr. Dr. Irrgang. Ich erfuhr, wie er nach seiner Methode Zähne implantiert, wie er die Politik reformieren würde, warum die FDP so schwach ist und noch schwächer werden wird, was es mit dem Lions Club auf sich hat, wo man preiswert SM-Outfit, Peitschen und Dildos kaufen kann. Er verzapfte sogar Tiefsinniges, dozierte über die von ihm erdachte „Metaphysik des Sadismus", über Sadomaso-Ekstase, die einzige Sexekstase, die es gibt! Ja, mit ihm zusammen, als seine Sklavin, würde ich erst richtig erleben, was wahres Sadomaso ist. Allmählich gelangte ich zu der Überzeugung: Dieser Mann ist verrückt, vielleicht ein harmloser, möglicherweise ein gefährlicher Irrer.

Da es bereits auf drei Uhr früh zuging, da ich etlichen Alkohol intus und mindestens 1,5 Promille hatte, übernachtete ich trotz allem auf seinem Zimmer. „Mach's mir jetzt, mach es doch endlich mit deinem Pippifax" verlangte ich von ihm, zu seinem Erstaunen, Erschrecken, ja Entsetzen. Ich scherte mich den Teufel um seine Reaktion. Ich fing an, sein Schwänzlein zu bearbeiten. Ich quetschte ihn, zog an ihm, riss ihn fast ab! Nichts zu machen. Dieser Mann war, ich hatte es vermutet, nun wußte ich es, in Sachen Ficken der totale Kümmerling. Von wegen Rammeln, lächerlich! Sein Penis blieb taub, er selbst schlief schnarchend ein. Er sägte Bretter von enormer Dicke. Ich fand keinen Schlaf, stand schließlich auf, zog mich an. Nichts wie weg!

Sadomaso, Sex und mehr

Sich oder dem Partner Schmerz zufügen, den Sexpartner quälen oder erniedrigen oder gar beides zugleich, eine naturgeile Frau braucht das nicht, um zu ihrem Orgasmus zu kommen.

Auch das unterscheidet uns Frauen von den Männern: Wir stehen nicht auf aggressive Gewalttätigkeit, weder auf körperliche noch auf seelische. Deshalb ist es nur selten der Fall, ich glaube sogar, es kommt überhaupt nicht vor, daß die ständige Partnerin eines Mannes, sei es die Ehefrau oder Geliebte, aus freien Stücken bereit wäre, seine Sadomasogelüste zu akzeptieren, gar zu befriedigen. Und das, obwohl es für viele Männer ein sexuelles Bedürfnis ist, von der Frau mehr zu verlangen als Erotik und Normalsex! Viele Männer möchten „sadistisch" quälen dürfen, sich „masochistisch" quälen lassen.

Nicht wenige Männer sind, ohne daß sie und ihre Frauen sich dessen bewußt werden, so stark auf Sadomaso fixiert, daß sie Schwierigkeiten haben, normal zu verkehren. Diese Männer verdrängen ein für sie völlig natürliches Verlangen als Perversion, weil sie im Ehebett und auch bei der Geliebten nicht zur Erfüllung ihres Verlangens gelangen können! Von zehn Freiern, die auf Sadomaso stehen, haben acht eine Ehefrau oder Freundin, bei der in Punkto Sadomaso nichts, rein gar nichts läuft.

Meine Erfahrung: Sehr viele Männer verlangen nach Sadomaso, viele verdrängen das nach wie vor, immer mehr aber erfüllen sich ihr Verlangen – bei uns Professionellen! Zu Beginn meiner Arbeit als Callgirl waren knapp 30 Prozent der

Freier SM-Kunden, heute sind es fast 60 Prozent. Nun, Sadomaso ist die Domäne des Callgirl-Metiers. Sadomaso erfordert mehr Können, mehr Engagement als der übliche Rammelsex. Spezielle Geräte sind nötig, besonderes Outfit und nicht zuletzt eine abgeschirmte Räumlichkeit gehören dazu.

SM muß freilich nicht so auf die Spitze getrieben werden, wie bei Maximilian F., einem der Top-Modefotografen Europas. Ein Topkreativer, der ausnahmsweise nicht schwul, dafür jedoch hundertprozentig SM ist! Maximilian bietet und verlangt in der Tat „Sadomaso in Reinkultur".

Er hat sich in einem Anbau seines Bungalows eine irre Folterkammer eingerichtet. Eigentlich SM-Studio, ein Labor für Experimente mit dem Körper, mit seinem Körper, mit Frauen- und Männerkörpern. Da läßt er sich extrem peitschen, an durch die Brust gestochenen Ringen aufhängen, sich bepinkeln und brandmarken, sich auf's Rad spannen und auf das Schmerzhafteste strecken. Er ist ein ebenso selbstquälerischer Masochist wie auf's Quälen versessener Sadist. Ich bin nur einmal sein Opfer, richtiger, sein Objekt gewesen und das hat mir gereicht. Es ging ja noch an, daß er meine Schamlippen durchstach, um Metallringe daran zu hänge. Entschieden lehnte ich es ab, mir einen Metallstift durch die Klitoris stechen zu lassen. Das wäre möglich gewesen, er hatte mit gekonntem Fingerspiel aus meinem Kitzler fast einen kleinen, steifen Penis gemacht. Er zeigte mir das Resultat seiner Fingerfertigkeit im Spiegel. Erstmals brachte mich der Anblick meiner enorm angeschwollenen, völlig überreizten Klitoris zu einem Orgasmus. Doch einen Stift hindurchstechen? Nein! Maximilian beließ es nicht beim relativ schmerzlosen Piercing. Er beschwerte die

Ringe an den Schamlippen mit Gewichten, was ziemlich weh tat. Er drehte, zog, zerrte brutal an meinen Brustwarzen, bis ich vor Schmerzen schrie! Das Drehen und Ziehen ließ er sein, die Gewichte nahm er von den Schamlippenringen, um mit einer neuen Tortur zu beginnen: Er fesselte mich mit Hilfe seiner splitternackten, gertenschlanken, ebenholzschwarzen Assistentin, einer sehr jungen Afrikanerin. Sie verschnürten mich so, daß nur noch meine rasierte Scham sowie mein Anus frei und hilflos preisgegeben waren. In jede der beiden Öffnungen schoben sie einen Vibrator und ließen dann die meine Löcher weit dehnenden Dinger auf vollen Touren laufen. Mir kam es derart, daß ich fast die Besinnung verlor. Es war nicht ein Orgasmus, eine Kaskade von Orgasmen überflutete mich! Es war nicht die reine, ungetrübte Lust, es waren Lust und Schmerz zugleich. Der reine Schmerz, die schrecklichste Quälerei folgte auf den Fuß. Ich wurde von Maximilian für meinen Superorgasmus höllisch bestraft: Mit einem Brandeisen, einer Art elektrisch erhitzten Lötkolben brannte er mir ein Brandzeichen auf den Po! Ein grauenhafter Schmerz! Tagelang konnte ich nicht mehr sitzen. Noch heute trage ich eine Narbe an der Stelle.

Glücklicherweise sind solche Jobs die Ausnahmen. Allein schon die Vermutung, daß so etwas von mir verlangt würde, genügt, um abzulehnen. Ich bejahe Sadomaso. Ich bin nicht gegen Piercing, habe nichts gegen ungewöhnliche Stellungen, auch nichts gegen ein Ficken mit Faust oder Dildo, aber ich lehne Sadomasospiele ab, die in pure Quälerei ausarten.

Besonders viele Anrufe kommen auf meine Inserate hin aus der rheinisch-westfälischen Ecke, aus Dortmund, Hamm,

Hagen und so weiter. Die sich ergebenden Kontakte sind so zahlreich, daß es direkt zum Problem wird, die Termine auf die Reihe zu bringen. Ein Problem, das leichter zu lösen wäre, wenn die Freier unsere Terminvereinbarungen zuverlässig einhalten würden. Aber nein, die sagen erst zu, schicken oder überweisen auch eine Vorauszahlung, werfen jedoch im letzten Augenblick den Termin um. Wie sehr das meine Nordrhein-Westfalen-Aktivitäten stört, wie arg es mich manchmal frustriert, ich hab es mal protokolliert. Vorrausschicken muß ich, daß ich meine Kunden aus Nordrhein-Westfalen in der Regel in Düsseldorf treffe. Grundsätzlich finden diese Treffen in der zweiten Wochenhälfte statt. Am Mittwochnachmittag reise ich per Bahn an, am Samstagvormittag geht's wieder zurück nach Karlsruhe. Ich nehme mir während der Düsseldorf-Tage ein Zimmer in einem guten Hotel in Bahnhofsnähe. Nur ausnahmsweise treffe ich einen Freier in „meinem" Hotel auf „meinem" Zimmer. Aber jetzt zum Protokoll einer fast typisch zu nennenden Düsseldorf-Woche.

Dienstagabend stand meine Terminplanung fest. Sieben Jobs waren vereinbart, Zeitpunkt, Treffort, alles klar. Für vier Jobs waren bereits Vorauszahlungen eingegangen. Ich sollte es in dieser Woche, was ich recht spaßig fand, gleich drei Uwes machen. Einem Karl-Uwe, einem Hans-Uwe und einem, der schlicht nur Uwe hieß. Von Karl-Uwe, dem Inhaber einer namhaften Firma in Dortmund, Stahlexport, war der dickste Scheck gekommen: 1000 Mark Vorauszahlung für eine Nacht mit mir, für die Nacht von Mittwoch auf Donnerstag. Zweimal hatte Karl-Uwe mich bereits angerufen, um mir zu sagen, daß er supergeil auf mich sei. Er schilderte mir ausführlich, wortreich, mich nervend, seine Geilheit. Der dritte Anruf kam am frühen Mittwochvormittag von seiner Sekretärin. Er warf meine Terminplanung schon mal über den Haufen: Der Chef hätte ganz plötzlich zu einem wichtigen Gespräch nach Berlin fliegen müssen, er könne den mit mir vereinbarten Termin nicht einhalten. Es müßte ein neuer Termin gefunden werden, der Chef würde mich in den nächsten Stunden anrufen…

Karl-Uwe rief an, aus Berlin. Er bedauere unendlich, er müsse, wolle mich treffen – in Berlin! Ich solle von Köln-Wahn aus die Abendmaschine nach Berlin nehmen. Er würde sofort Hin-und Rückflug für mich buchen und bezahlen. Das Ticket läge am Air-France-Schalter des Kölner Flughafens bereit. Heute ab 18 Uhr. Die Maschine fliege um 19 Uhr 20 ab, er würde mich in Berlin am Flughafen erwarten. In einer verdammten Zwickmühle befand ich mich nun: Wenn ich nach Berlin fliege, kann ich alle anderen Termine vergessen, muß ich sofort bei den sechs anderen Kunden absagen. Fliege ich nicht, ist Karl-Uwe sauer. Was soll ich jetzt tun? Gleich nach Karl-Uwe rief Jürgen aus Hagen an. Ihn hatte ich für Donnerstagabend eingeplant, doch an diesem Abend ginge es nicht, sagte Jürgen mir, ob ich heute, also am Mittwochabend Zeit hätte, fragte er mich. Vielleicht, antwortete ich. Genau könnte ich es erst in einer Stunde sagen, da soll er nochmal anrufen. Die Stunde war noch nicht vorüber, als sich Karl-Uwe wieder meldete. Er könne den Flug momentan nicht bezahlen, er hätte nämlich, es wäre wirklich zu dumm, alle seine Scheckkarten sowie Schecks vergessen und zuwenig Bares dabei! Er ließe trotzdem buchen, ich solle das Ticket abholen und bezahlen, den Flugpreis vorschießen. Blitzschnell schaltete ich. Wie kann der Mann mir in Berlin den Rest meines Honorares bezahlen, wenn er keinen Scheck und zu wenig Bares bei sich hat? Werde ich vielleicht von den 1000 Mark Vorschuß Flug und Übernachtung zu bezahlen haben? Ein Geschäftsmann, der ohne Scheckkarten, Schecks und genug Bargeld in der Tasche verreist? Irgendetwas stimmt da nicht. Die ganze Sache schien mir zu riskant! Ich schlug ihm vor, unser Zusammensein zu verschieben. Er war einverstanden. Erledigt.

Karl-Uwe für diesmal gestrichen. Sein „Ersatzmann“ für Mittwochabend wurde Jürgen. Dachte ich. Doch auch damit klappte es nicht. Jürgen rief an, das mit heute laufe nun doch nicht. Wir treffen uns wie vereinbart am Donnerstag, im Bahnhofsrestaurant, Punkt 19 Uhr. Also kein Job für Mittwochabend, Mittwochnacht. Ich fuhr trotzdem, wie geplant, nach Düsseldorf. Vielleicht konnte ich vom Hotel aus einen schnellen Termin vereinbaren. Telefonnummern von möglichen Freiern im Raum Düsseldorf hatte ich genug. Auch auf die Schnelle lief jedoch an diesem Mittwochabend nichts. Diesmal mußte ich mir tatsächlich sagen, außer Spesen nichts gewesen. Das Gute war, daß ich ausgeschlafen zu meinem Donnerstagvormittagjob kam.

Donnerstag, später Vormittag.

Wie vereinbart traf ich Jupp im Eingangsbereich eines wirklich riesigen Einrichtungscenters. Er stand schon da, hatte als Erkennungszeichen einen dicken Möbelkatalog unter'm Arm. Jupp. Typ „toller Hecht“. 40 vielleicht, Durchschnittsfigur, nicht zu dünn, nicht zu dick. Kein großer, stattlicher Mann, aber einer, der Unternehmungslust ausstrahlt, was Verwegenes an sich hat. Sympathisch auf den ersten Blick! Jupp gefiel mir. Ich gefiel ihm, na schön. Zu meiner Überraschung gingen wir nicht gleich zu seinem Wagen, der stand irgendwo auf dem Parkplatz vor dem Einrichtungshaus, sondern zur Rolltreppe. Wir fuhren hinauf zur 2. Etage. „Da sind die Damentoiletten", sagte er, „und dort ziehst du gleich deine Unterwäsche aus! Eine Frau, die mit mir zusammen sein will, darf keine Unterwäsche anhaben, keine Strumpfhose, keinen Slip, keine Strapse, keinen BH, nichts!" Es war ein eigenartiges, etwas komisches, vor allem aber ein aufgeilendes Gefühl, ohne Slip, ohne BH, völlig nackt unter dem dünnen, kurzen Kleid in einem Einrichtungshaus herumzugehen.

Jupp dachte nicht daran, das Haus zu verlassen, mich zum Wagen zu bringen. Wir fuhren in die oberste Etage hinauf. Jupp kannte sich hier offenbar gut aus. Zielstrebig führte er mich in eine Ecke. Keine Kunden, kein Verkäufer weit und breit. Jupp knöpfte mir das Kleid auf, holte die Titten heraus, machte sich über sie her, als ob er sie melken möchte! Prall und prächtig hingen meine Brüste im Freien, steif standen die Warzen. Jede jetzt mindestens einen Zentimeter lang. Jupp saugte an den Warzen, schmatzend und gierig, wie ein hungriger Säugling! Gleichzeitig faßte er mich unten an, ließ meine nasse Möse hörbar quietschen. Ich war am Kommen, er merkte das, ließ deshalb ab von mir, fingerte dafür seinen Schwanz aus dem Hosenschlitz, begann zu wichsen, forderte mich auf, seinen Steifen zu blasen. „Nicht hier! Wenn du willst, gleich im Auto! Laß uns jetzt gehen!", sagte ich. Gehorsam stopfte er seinen Schwanz mit einiger Mühe in die Hose zurück. Ich verpackte meine Brüste im Kleid, knöpfte es zu. Der Marsch durchs Möbelhaus bis zum Parkplatz war das reinste Spießrutenlaufen. Die Männer, aber auch die Frauen starrten mich an, als ob sie sehen könnten, daß ich unter'm Kleid splitterfasernackt bin! Jupp kutschierte mich in seine Wohnung. Sie lag im 1. Stockwerk eines Wohnhochhauses. Direkt vor dem Haus, genauer, gegenüber der Juppschen Wohnung befand sich eine Ampelanlage. Blickte man aus dem Wohnzimmerfenster, schaute man den bei Rot stoppenden Autofahrern zwangsläufig von oben herab ins Gesicht.

Die Wohnung war gut eingerichtet. Sie gehöre seiner Freundin, die eine Nutte sei. Er habe sie ihr gekauft, erzählte mir Jupp. Ist er Zuhälter? Möglich wär's. Mir kann das egal sein. Ich zog mich um, trug einen knapp die Scham bedeckenden Lederslip, dazu einen BH, der die Brüste hochzwängt und zur Hälfte frei läßt. Jupp dirigierte mich an das raumhohe Wohnzimmerfenster. Ich hatte einfach davor zu stehen, meinen halbfreien Busen an die Scheibe zu drücken. Jeder Autofahrer, der bei Rot anhielt, mußte mich zwangsläufig sehen.

Jupp geilte es auf, mich zur Schau zu stellen. Er zog sich nach einer Weile aus, begann zu onanieren. Er wichste nicht zu Ende. Er verlangte von mir, daß ich zu ihm auf die Couch komme, mich vor ihm mit meinem Massagestab befriedige. Dann mußte ich ihm den Schwanz blasen. Ich nahm ihn nur kurz in den Mund. Er roch nicht gut. Er roch zwar nicht verpißt, aber verschwitzt. Ich mag das nicht. Ich mag Schwänze, die frisch riechen, nach Geradegewaschensein! Ich brachte Jupp's Penis also mit der Hand zum Abspritzen. Er blieb nicht lange schlaff. Ein bißchen Schmusen und schon stand er wieder. Gefickt wurde ich von diesem Schwanz in allen Zimmern der Wohnung. Im Wohnzimmer nahm mich Jupp auf dem Teppich vor dem hohen Fenster. In der Küche legte ich mich halb über das Bügelbrett und ließ mich von hinten stoßen. Im Schlafzimmer vögelten wir in wechselnder Lage, ich mal unten, ich mal oben, ohne Jupp's Schwanz beim Stellungswechsel herausrutschen zu lassen. Meine Vaginamuskulatur hatte Jupp's Schwanz phantastisch im Griff.

Mittlerweile war es weit über Mittag hinaus. Aus den vereinbarten zwei Stunden sind drei geworden. Höchste Zeit für mich, ins Hotel zurückzufahren. Dort erwarte ich um 14 Uhr 30 Hans-Uwe. Ich wußte, der würde pünktlich da sein.

Hans-Uwe, ein Mann, der auf Präzision aus ist. Das hatte mir der Brief bewiesen, in dem er genau beschrieb, wie unser Zusammensein abzulaufen hätte. Hans-Uwe klopfte Punkt 14 Uhr 30 an meine Zimmertür. Und alles lief dann exakt so ab, wie es in dem Brief stand.

Zunächst überreichte er mir das restliche Honorar. Er verlangte, daß ich die Scheine sofort nachzähle. Ordnung muß sein. Dann kramte er aus seinem Köfferchen die Kleidungsstücke, in denen ich aufzutreten hatte. Ein weitschwingender, knapp bis zur Hälfte meiner Oberschenkel reichender Plisseerock, eine mit einem scheußlichen Blümchenmuster bedruckte Bluse. Unter dem Rock und unter der Bluse durfte ich nichts tragen, keinen Slip, keinen BH. Genau wie vorher bei Jupp, dachte ich mir. Im Bad zog ich mich um. Ich wußte aus dem Brief, daß er nun nackt im Sessel sitzen würde, genau gegenüber der Badezimmertür. Ich wußte, was ich jetzt zu tun hatte: Zaghaft an die Tür klopfen, auf sein „Herein“ warten, dann rückwärts aus dem Bad heraus langsam auf ihn zugehen, dabei fortwährend meine Brüste massieren, die Brustwarzen streicheln. Als ich mit dem Rücken zu ihm vor dem Sessel stand, rief er „Halt!“. Ich zog, wie es im Brief stand, die Bluse aus, hob dann den Rock in die Höhe, bot Hans-Uwe meinen strammen Arsch dar, zog, mit beiden Händen nach hinten greifend, der Rock war bis zu den Achseln hochgerollt, meine Arschbacken auseinander, beugte mich leicht nach vorn. Ich hörte Hans-Uwe stöhnen. Zwei, drei Minuten blieb ich in der Stellung, dann zog ich den Rock aus, drehte mich langsam um, kniete mich nieder. Hans-Uwe rückte bis zur Sitzkante vor, spreizte seine kurzen, molligen Schenkel. Alles an diesem Mann war mollig, die Schenkel, der Bauch, seine Brust, das Gesicht, seine Arme. Das Schamhaar war spärlich, die Brust völlig unbehaart. Sein Penis war, ich hatte ihn direkt vor Augen, halbsteif, schleimglitzernd. Hans-Uwe war es angesichts meines Arsches gekommen.

Ich begann mit meiner eigentlichen Arbeit: Kitzeln! Die Innenseiten seiner Oberschenkel kitzeln, immer näher ans Gehänge herankitzeln, den Sack kitzeln. Den Schwanz durfte ich nicht berühren. Er steifte sich ohne jede Berührung. Hans-Uwe rückte nun ganz an den Rand des Sessels, stemmte sich mit den Armen gegen die Lehnen, hob so seinen Hintern an. Zentimeternah war mir nun sein Vollsteifer, die Eichel mußte meinen Atem spüren. Ich griff soweit ich konnte unter das angehobene Gesäß, kitzelte die Gesäßbacken und das war der Kick für Hans-Uwe: Er spritze beinahe augenblicklich ab! Keine schleimige, sondern eine klare, dünne Flüssigkeit war es diesmal. Zweimal konnte er ejakulieren. Die gewünschte

Schau und perfektes Kitzeln wurden ihm geboten. Hans-Uwe war zufrieden. Er ging ins Bad, duschte sich, zog sich an und verließ, genau wie vereinbart, Punkt 15 Uhr 30 mein Zimmer.

Spaßiger Zufall: An diesem Nachmittag ging es von Uwe zu Uwe. Erst Hans-Uwe, gleich darauf einer, der schlicht nur Uwe hieß. Dieser Schlicht-Uwe war kein Mann, der mich hätte anmachen können. Zu schlank, richtiggehend dürr sogar, zu nichtssagend, zu langweilig. Was er wollte? Normale phantasielose Fickerei.

Anschließend, sozusagen zu schlechter Letzt an diesem Donnerstag: Alptraumstunden im Hauptbahnhof. Um 19 Uhr wollte Jürgen mich im Bahnhofsrestaurant treffen. Um in Ruhe vor dem Job noch einen Happen essen zu können, war ich eine halbe Stunde vorher da. Für einen Toast würde die Zeit ausreichen.

Dieser Hauptbahnhof! Eine finstere, schäbige, beklemmende Atmosphäre. Fürchterlich verwahrloste Gestalten lungerten herum. Wirklich zum Fürchten waren sie! Im Restaurant fühlte ich mich zwar etwas sicherer, man gaffte und pöbelte mich wenigstens nicht an. Doch die Atmosphäre war auch hier nicht gut. Ich fand einen Platz, an dem ich den Eingang im Blick hatte. Der von mir bestellte Toast ließ auf sich warten. Erst nach einer halben Stunde knallte ihn mir der unfreundliche Ober auf den Tisch.

Jeden Augenblick würde, mußte Jürgen kommen. Es war inzwischen 19 Uhr, es wurde 19 Uhr 30, 19 Uhr 40. Er kam nicht. Und ich saß in diesem schauderhaften Lokal, trank ein Bierchen und noch eins, wurde angegangen, hatte das zynische Grinsen und die unverschämt herablassende Bedienung des schmierigen, nach Schweiß riechenden Obers zu ertragen. Was sollte, was konnte ich machen? Ins Hotel gehen, ein Bad nehmen, mich ins Bett legen, auf den Jürgen-Job pfeifen, auch den nächsten Job sausen lassen?

Der nächste vereinbarte Treff, auch er sollte hier, in diesem verdammten Bahnhofsrestaurant stattfinden. Um 21 Uhr wollte ich hier einen gewissen Dieter Turek treffen. Nie wieder würde ich einen Freier hier treffen, das stand fest. Aber nun war ich da, mußte nur noch eine runde Stunde auf diesen Dieter warten. Was soll's. Ich bleibe. Ich warte.

Dieter holte mich pünktlich ab. Er bezahlte sogar meine Rechnung, ein Toast, drei Biere, zwei Portionen Kaffee. Dieter: Senfgelbes Blouson, türkisfarbene Hose, Jogging-Schuhe, Dreitagebart, wirres, gekräuseltes Haar, Pausbacken, irgendwie „alternder Sängerknabe". Er sprach mir zuviel, zu schnell, seltsam hudelig. Er sprach vor sich hin, mied es, mir ins Gesicht zu sehen, in die Augen zu schauen. Sein Wagen, ein altes, außen und innen ziemlich verschmutztes BMW-Cabrio. Er hätte leider noch einen geschäftlichen Termin, der sei ihm dummerweise dazwischen gekommen. Er müsse mich zunächst in einem Lokal absetzen, mich bitten, da auf ihn zu warten. Er würde mich abholen, kurz vor 22 Uhr, das von ihm für die nacht gebuchte Hotelzimmer sei sowieso erst ab 22 Uhr frei. Ein Hotelzimmer, erst ab 22 Uhr frei? Mir kam das sonderbar vor. Um sicher zu gehen, ließ ich mir den Namen des Hotels nennen. Er sagte ihn mir, ohne einen Augenblick zu zögern. Gut, ich konnte also annehmen, daß stimmte, was er angab.

Das Lokal, in dem er mich absetzte, war eine recht gemütliche Kneipe. Die Wirtin war freundlich, herzlich. Ich saß bis 23 Uhr da. Dieter kam nicht. Da ich den Namen des Hotels wußte, war es kein Problem, seine Telefonnummer festzustellen. Ich wollte Gewißheit, ich bekam sie: Ein Dieter Turek war der Rezeption nicht bekannt. Ein Zimmer sei nicht reserviert! Alles klar jetzt, wenn auch nicht zu verstehen.

Nein, sowas macht nun wirklich keinen Spaß. Jürgen und Dieter, Stunden hatte ich wegen dieser Freier totschlagen müssen. Der Freitag entschädigte mich dann einigermaßen für den Donnerstagabendfrust. Drei pünktliche, gut zahlende Freier hatte ich, Männer, bei denen ich auf meine Rechnung kommen konnte, sowohl in finanzieller Hinsicht als auch im Hinblick auf sexuelle Befriedigung. Insgesamt jedoch brachten mir in dieser Woche meine Düsseldorf-Tage mehr Ärger und Frust, als Spaß und Befriedigung. Was die finanzielle Seite angeht, was ich verdienen konnte, das lag um ein Drittel unter dem, was ich erwartet hatte.

In der schummrigen Geborgenheit des rotplüschigen Bar-Rooms „meines Hotels" einen anstrengenden Tag beschließen, so halte ich es gern, wenn ich in Düsseldorf arbeite. So hielt ich es auch diesmal. Es ging auf Mitternacht zu. Ich wollte nur noch in Ruhe mein Glas Rotwein trinken und dann ab in die Heia, allein, klar. Ich habe es mir zur Regel gemacht, meine Nachtruhe möglichst allein zu genießen. Ja, nach getaner Arbeit möchte ich ohne Mann schlafen. Deshalb störte es mich, daß sich ein Mann auf den Barhocker neben mir schwang, sich auch ein Glas Rotwein bestellte. Warum auch Rotwein und wieso setzt er sich nicht auf einen der anderen, auf einen der vielen freien Hocker in gehöriger Distanz zu mir? Will er mich anmachen? Ich war entschlossen, ihm die kalte Schulter zu zeigen. Für heute hatte ich genug von Freiern, nach vier Jobs war mein Bedarf gedeckt. Zunächst blieb der Störenfried stumm wie ein Fisch. Er tat nichts weiter, als genüßlich seinen Wein süffeln, ein Glas, ein zweites... Was ich positiv fand: Er rauchte nicht. Er roch angenehm nach einem teureren Duftwasser. Seine Hände, mein Blick streifte sie, waren schmal und doch kräftig, schöne Männerhände. Ins Auge fiel mir seine goldene Patek. Nur wenige Männer können sich diese für meinen Geschmack schönste Schweizer Uhr leisten, er konnte es offensichtlich. Ein Mann mit Geschmack und Geld.

Er machte mich nun doch neugierig. Ich blieb, obwohl ich das eigentlich gar nicht wollte. Ich bestellte noch ein Glas Wein, obwohl ich rechtschaffen müde war. Allmählich nervte es mich, daß er so schweigsam neben mir saß. Ich überlegte, ob ich... als er mich schließlich ansprach.

„Sie mögen ihn auch? Das gefällt mir, eine Frau, die was vom Wein versteht." Pause. Dann: „Solche Tropfen bekommt man selten in einer Hotelbar. Gut ausgebaut, genau richtig temperiert." Über den Wein sind wir ins Gespräch gekommen. Er zog mich buchstäblich ins Gespräch. Er kam vom Wein auf Bars und unser Hotel, vom Hotel auf Düsseldorf zu sprechen. Ein Vergnügen, ihm zuzuhören. Was er sagte, war unterhaltsam, egal um welches Thema es ging. Ich hörte ihm zu, betrachtete ihn mit wachsender Sympathie.

Schmales, fröhliches Gesicht, viele kleine Lachfältchen um die Augen. Ein anziehendes Gesicht! Meine Müdigkeit begann zu schwinden. Es machte Spaß, mit diesem Mann zu plaudern, neben ihm sitzen zu bleiben. Eigenartigerweise war keine Spur von Fremdheit zwischen uns, wir redeten miteinander wie gute, alte Freunde. Er machte übrigens keinerlei Annäherungsversuche. Wir sprachen eigentlich über nichts Persönliches und schon gar nicht über Sex. Und doch knisterte es zwischen uns.

Wir blieben bis die Bar schloß. Er begleitete mich nach oben. Vor meinem Zimmer zögerten wir einen Augenblick, dann lud er mich ein, auf einen Sprung zu ihm zu kommen. Ich sagte ja, wollte mich nur noch ein wenig frischmachen…

Wir blieben bis zum Morgengrauen zusammen. Joe, er hatte sich bereits an der Bar vorgestellt, benahm sich so, als ob ich ihm schon länger eine gute, liebe Freundin wäre! Joe war sehr zärtlich. Joe verstand es, mich zu erregen. Seine Hände spielten zärtlich und aggressiv zugleich auf meinem Körper, mit meinem Körper. Genau im richtigen Augenblick brachte er sein Glied ins Spiel. Langsam drang er ein, aufreizend langsam entzog er das Glied wieder meiner Scheide, um mit der prallen und doch samtweichen Eichel meinen Kitzler zu streicheln. Dann stieß er endlich zu, bis zum Anschlag stieß Joe das harte lange Rohr in mich hinein! Erst langsam, dann schneller, wieder langsam, wieder schneller fickte mich sein Riesending. Ein 25-Zentimeter-Schwanz! Sein ebenfalls enorm großer, ungewöhnlich fülliger, schwerer Sack, ich hörte, spürte ihn im Rhythmus des Fickens auf meinen Arsch klatschen! Es war ein wildes und zugleich gelassenes Ficken. Das pure Sexvergnügen!

Maestro Joe führte eine wahre Ficksymphonie auf: Andante, Allegro, Adagio, Andante, Allegro furioso – ein Kunstwerk! Joe beherrschte die ganze Partitur. Er beherrschte sie so meisterhaft, daß es mir und ihm gleichzeitig kam. Gewaltiger Orgasmus! Phantastisch perfektes Liebemachen! Dann zwei Stunden Schlaf. Jeder schlief für sich allein auf seinem Zimmer.

Das Frühstück nahmen wir zusammen ein, auf meinem Zimmer. Dabei stellte sich heraus, daß er geahnt, ja gewußt hatte, daß ich eine Prostituierte bin. Vielleicht hatte es ihm der Barkeeper zugeflüstert? Von mir wußte er es jedenfalls nicht. Ich hatte es ihm nicht verraten, hatte auch überhaupt nichts verlangt. Ehrlich, ich hätte im Traum nicht daran gedacht, mich für die schönen Stunden honorieren zu lassen. Für mich war es eine außergeschäftliche Zufallsbekanntschaft, ein rein privates, ein unverhofftes und gerade deshalb wunderschönes Sexvergnügen. Nun, er legte ein Kuvert, an das seine Visitenkarte geklammert war, neben mein Frühstücksgedeck.

Annehmen? Ablehnen? Joe machte es mir leicht, er nahm der Situation jede Peinlichkeit: „Sei bitte nicht böse, nimm es. Daß ich dir schenke, was im Kuvert ist, nimm es hin als meinen Dank für ein paar wunderbare Stunden! Eigentlich ist es unbezahlbar, was du bietest. Du bist eine Künstlerin in deinem Fach und verdienst bestimmt mehr, als andere Frauen, aber du könntest noch viel mehr verdienen, bei mir, in meiner Firma!"

Zuletzt wurde er nicht nur persönlich, sondern auch noch geschäftlich: Er versuchte tatsächlich, mich anzuheuern, für den Verkauf von Fonds und Bausparverträgen in seiner Firma! Eine namhafte, mir vom Hörensagen bekannte Allfinanzfirma, die in Ostdeutschland Riesenerfolg hat. Und diese Firma gehört also Joe! Allerhand, dachte ich, aber ich bin auf sein Angebot nicht eingegangen.

Hartwig.

Nein, er hat keine großen, richtigen Filme gedreht. Werbefilme machte er, für's Kino, in den 60er und 70er Jahren. Immerhin verdiente er damals soviel Geld, daß er ein Haus in Münchens Nobelvorort Grünwald kaufen konnte. Wovon er heute lebt? Vielleicht von den Erträgen seines Vermögens, zum Teil wahrscheinlich auch von Hardcore-Videos und ausgefallenen Pornofotos. Sein Hobby sei das, sagt er, na ja.

Hartwig, der Regisseur, einer meiner wenigen Stammkunden in München. Was uns zusammenführte? Wir sind beide Inserenten im Sex-Magazin „Happy Weekend". Er bietet Hardcore-Videos an, ich meine Dienste als SM-Spezialistin. Hartwig, dem Aussehen nach ein vitaler Sechziger, in Wirklichkeit bestimmt weit über 70! Seinem Aussehen nach ist Hartwig übrigens alles andere als ein Filmemacher. Man könnte ihn eher für einen Kranführer oder Maurerpolier im Ruhestand halten. Stämmige Figur, feistes, grob zu nennendes Gesicht. Fleischige Nase, volle, sinnliche, den Genußmenschen verratende Lippen.

Nackt sieht er schlimm aus: Unter der Altmännerwampe verkriecht sich ein Nichts von Schwänzlein im struppigen, altersgrauen Schamhaar. Hartwig's Penis erreichte auch im Zustand höchster Erregung knapp 10 Zentimeter. Mit diesem Penis war es Hartwig schon immer unmöglich, normalen Geschlechtsverkehr auszuüben. Mit einem solchen Schwänzlein ist ein Mann schlicht fickuntauglich! Das Tragische war und ist, daß es Hartwig keineswegs an Geilheit mangelte und mangelt! Er ist ein geiler alter Bock, der sich als affengeil bezeichnet.

Was bleibt einem Mann wie ihm übrig? Er muß auf ungewöhnliche Art Befriedigung suchen. So blieb Hartwig halt unverheiratet und auch ohne feste Freundin. Seine Frauen waren immer schon Nutten. Die sagten ihm nicht, die ließen es ihn nicht spüren, daß sie seinen Schwanz unmöglich, ja direkt lächerlich finden. Schon recht früh klappte es auch mit den gewöhnlichen, auf harmlose Schwanzbedienung ausgerichteten Nutten nicht mehr. Hartwig brauchte stärkere Reizung, ungewöhnliche Praktiken, um erregt zu werden und abspritzen zu können. Ich weiß das, weil er bei unserem ersten Zusammensein absolut offen mit mir über seine besonderen sexuellen Bedürfnisse gesprochen hatte. Ich wußte deshalb nicht bloß, was mich bei ihm jedesmal erwartet, ich wußte auch, warum er so und nicht anders zu seiner Befriedigung gelangen konnte.

Zu seinen Besonderheiten gehört es, daß er sowohl meine Lustspalte als auch meinen Anus und oft beide Öffnungen gleichzeitig mit ausgefallensten Dildos sowie Massageapparaten bearbeitet. Er entnimmt sie seiner Sammlung.

Dieser Mann ist tatsächlich seit vielen Jahren passionierter Sammler von Dildos und anderen Lustgerätschaften. Er hat einen ganzen Schrank voll davon! Laufend kommen neue Kunstpenis-Modelle dazu und er probiert sie alle aus, in den Mösen und Ärschen von Nutten und Callgirls. Ja, er sammelt die Dinger nicht nur, er setzt sie auch ein. Ich habe seine Sammlung noch nie komplett zu sehen bekommen.

Meine Hartwig-Jobs spielen sich nie in Hartwig's Haus ab. Er inszeniert seine Lust-Stücke stets in fremden Wohnungen und jedesmal in einer anderen. Kann sein, daß die Wohnungen Freunden gehören, ich weiß es nicht, ich hab sie noch nie zu Gesicht bekommen, die Freunde nicht, die Wohnungen nicht. Das gehört nämlich zu seinen Inszenierungen: Ich darf nicht sehen, wo wir sind, ob wir uns allein in der Wohnung befinden oder ob wir Zuschauer haben!

Jedesmal läuft so ein Hartwig-Job nach dem gleichen Ritual ab. Irgendwo in München treffen wir uns. Zeit und Treffpunkt sind telefonisch vereinbart.

Diesmal holte er mich vom Mövenpick am Lenbachplatz ab. In seinem VW Santana gab er mir diesmal nicht nur, wie immer gleich das Kuvert mit meinem Honorar, er überreichte mir auch Fotos, die er bei unserer letzten Session geschossen hatte. Gekonnt fotografierte Bilder, so wahnsinnig geil und pornografisch, daß ich sie nie und nimmer irgendjemand zeigen möchte. Sogar ich mußte schlucken, beim Anblick meiner mit Intimschmuck behängten, weit auseinanderklaffenden, dick angeschwollenen Schamlippen.

In Nahaufnahme eine feuchtschimmernde, mächtige Möse – meine Möse. Noch schärfer waren die Bilder, auf denen ich mit großen, mit Schraubwindungen versehenen Dildos bestückt bin! Man sah, wie unglaublich weit ich mich dehnen lasse, wie ideal ich unten für Großschwänze gebaut bin.

Auf Umwegen steuerte Hartwig unser heutiges Ziel an. Ein mehrstöckiges modernes Appartmenthaus in einer recht vornehmen Wohnstraße. Hartwig fuhr in eine Tiefgarage und wir parkten auf einem Stellplatz nahe dem Ausgang zum Haus.

Im Auto hatte ich mein Kleid auszuziehen, mir selbst ein Paar Fußfesseln anzulegen. Mit bloßen Brüsten, nur mit einem durchsichtigen Tanga bekleidet, trippelte ich mit kleinen

Schritten, die Fußfesseln behinderten mich sehr, vor ihm her aus der Garage durch den Keller zum Lift. Er ging hinter mir, trieb mich an, klatschte mir mit einem kurzen Lederriemen auf den nackten Hintern. Ich, die Sklavin, er, der Dominus, der Herr.

Im Lift legte er mir Handfesseln an, band mir ein schwarzes Tuch um die Augen. Ab jetzt sollte ich nichts mehr sehen, blind und gefesselt hatte ich ihm eine ergebene Sklavin zu sein. Wir betraten die Wohnung. Sie war anscheinend unbewohnt. Ich folgerte das aus der Stille und der Kälte, die da herrschten. Mitte November und die Wohnung unbeheizt! Ich fror, zitterte vor Kälte. Hartwig bettete mich auf ein Bett, lockerte die Fesseln, befestigte an jeder Fessel eine Kette. Damit kettete er mich an die vier Bettpfosten. Ich nahm an, daß es Bettpfosten waren, ich sah ja nichts. Ich war so gekettet, daß meine Beine gespreizt und meine Arme weit offen waren. Ich konnte mich leicht bewegen, jedoch nicht wehren. Ich hatte geschehen zu lassen, was nun geschah. Zunächst ein wildes, brutales Lecken. Brüste, Bauch, Oberschenkel, Schamlippen, Kitzler, alle meine empfindlichen Körperstellen beleckte und bespeichelte Hartwig. Ich hatte das Gefühl, daß mich mehrere Zungen beleckten. Kann sein, daß mehrere Leute am Werk waren.

Das Lecken dauerte schätzungsweise an die 20 Minuten. Es begann mich allmählich heiß zu machen. Aus Erfahrung wußte ich: Jetzt sind die Dildos dran. Diesmal beschränkte sich der Einsatz von Hartwig's Kunstpenissen auf meine Möse. Ein sehr langer, nicht sonderlich dicker Dildo wurde mir zuerst reingeschoben. Zwei weitere Modelle folgten. Der vierte Plastikschwanz tat mir weh. Er war extrem dick, er ging kaum rein. Nicht gerade angenehm, dieser Dildofick. Um die Tortur abzukürzen spielte ich Hartwig einen Superorgasmus vor. Zum echten Orgasmus brachte mich ein Vibrator, der sich auf drei unterschiedliche Touren einstellen ließ. Ein Sexmaschinchen, das meiner geschundenen Möse, das Dildo-rein-Dildo-raus-Spiel dauerte mittlerweile fast eine Stunde, wirklich gut tat. Ich war ehrlich froh, daß ich diesmal nicht das übliche volle Programm zu erdulden hatte. Hartwig verzichtete auf Anusdildos und Anusweitung, auf's Anlegen von Klammern und auch auf's Bilderschießen. Auch er hatte genug für heute. Ich wurde abgekettet, von den Fesseln befreit, Tanga und Kleid durfte ich wieder anziehen. Die Augenbinde nahm er mir erst im Lift ab.

Im Wagen sagte er, daß wir drei Zuschauer gehabt hätten. Widerlich, wenn auch verdammt gut bezahlt. Immer wieder denke ich, wenn so ein Job getan ist: Nie mehr so etwas! Und dann lasse ich es doch auf's Neue mit mir machen...

Ich tröstete mich an diesem Abend in einer High-Society-Bar, in der Trailers Bar im noblen Bayerischen Hof. Dort verbrachte ich einige Stunden mit meiner Freundin Ilona. Sie war mit mir nach München gekommen, der Kultur, des Einkaufens wegen und nicht zuletzt, weil München ihr mächtig viel Spaß macht.

Ich tröstete mich auch mit dem Gedanken an Alois. Ihn würde ich morgen in der Halle des Bayerischen Hofes treffen. Er war kein „Happy-Weekend-Freier", ihn hatte ich, wie schon beschrieben, durch eine meiner Privatanzeigen kennengelernt. Bisher trafen wir uns in Frankfurt oder Stuttgart. Diesmal wird es München sein. Ich freute mich auf Alois.

Das erste Zusammentreffen mit Alois in München: Alles war „erste Sahne“, bis auf ein kleines Problem. Aber auch das fand seine Lösung.

Der Reihe nach: Es war vereinbart, daß wir uns erst am Abend im Bayerischen Hof treffen. Er wußte, daß ich mit meiner Freundin Ilona in München bin, er hatte nichts dagegen, daß sie mich zu unserem Date begleitet und zusammen mit uns eine Kunstauktion besucht und uns danach allein läßt.

Ilona und ich saßen also zur vereinbarten Zeit in der Hotelhalle. Ein schöner Tag lag hinter uns. Spätes Frühstück in unserem kleinen, doch blitzsauberen Hotel in Bahnhofsnähe. Kein gutes Viertel, aber das Hotel war in Ordnung, zudem, für Münchner Verhältnisse, erstaunlich preiswert: 110 Mark pro Übernachtung mit Frühstück. Nach dem Frühstück brachen wir zu einem langen Stadtbummel auf. Alte Pinakothek, Shopping im Luxusgeviert rings um die Oper.

Die ganze Zeit über dachte ich an Alois, freute mich auf's Wiedersehen und die Nacht mit ihm. Für ihn machte ich mich am Spätnachmittag auf meinem Hotelzimmer extra zurecht. Ein bißchen mehr Lippenrot als gewöhnlich, noch sorgfältigeres Augenmakeup! Ich zog das durchgeknöpfte, schwarze, kurze Kleid an, darunter eine besonders kühne Büstenhebe, eine Strumpfhose ouvert, den Slip ließ ich gleich weg. Über allem trug ich den langen, etwas extravaganten Pelzmantel, den ich so liebe. Atemberaubend gut schaust du aus, sagte mir Ilona als wir uns unten trafen. Ich war mir sicher, sie hatte Recht. Dazu kam, daß ich echt heiß war. Richtig geil war ich auf Alois. Das gibt Ausstrahlung! Kein Wunder, daß ich die Blicke der Männer auf mich zog, als wir die Hotelhalle betraten und ich meinen Pelzmantel ablegte. Ich dachte mir: Hier könntest du spielend tolle Männer anmachen und abschleppen. Es wimmelte geradezu von tollen Männern in dieser Hotelhalle, alle geldig, alle geil!

Alois kam mit halbstündiger Verspätung. Mei, das G'schäft halt, entschuldigte er sich. Für den Besuch der Kunstauktion war es nun höchste Zeit. Sie fand in einem Palais gleich in der Nähe des Hotels statt. Ein paar Gehminuten. Interessantes Publikum. Wieder, auch hier, die geilen Blicke der Männer. Ob Alois diese Blicke bemerkte, ob sie ihn störten, ärgerten? Jedenfalls merkte er, daß mich die Auktion langweilte. Wir gingen, er wollte mir München zeigen. Alois ließ seinen Wagen vorfahren. Ilona verabschiedete sich: Bis morgen, tschüss.

Endlich allein mit ihm, wenn auch vorerst nur im Wagen, in seinem Superschlitten, einem Mercedes E 500! Wir schnurrten an der Oper vorbei, die Maximilianstraße entlang. Maximilianeum, Friedensengel, Prinzregentenstraße, Ludwigstraße, Schwabing. Eine richtige Stadtrundfahrt! Alois erwies sich als kundiger Führer. Er kannte München, er liebte diese Stadt, das wurde mir klar.

Oft mußten wir anhalten, stop and go von Rotlicht zu Rotlicht. Schon beim ersten Halt, gleich nach der Abfahrt vom Hotel, schob ich mein Kleid höher, sagte ihm, er solle mich anfassen, meine Muschi anfassen, sie sei heiß und feucht, sie freue sich auf ihn, sei scharf auf seine Finger. Er faßte sie an, bei jedem Halt vor einer auf Rot springenden Ampel griff er zu!

Nach dieser ziemlich geilen Sightseeingtour landeten wir in einem Club mit dem Prädikat „absolut in". Ein Club mit Gesichtskontrolle, die Alois natürlich glänzend bestand. Er fuhr seinen 500 E auf den Bürgersteig vor dem Clubeingang, drückte dem Türsteher, einem Herkules in schmucker Livree, die Autoschlüssel in die Hand und hieß ihn, den Wagen zu parken. Im Diningroom des Clubs war für uns ein Tisch reserviert. Ein Ecktisch, an dem wir ungestört dinieren und noch mehr tun konnten. Alois wurde höchst aktiv unter'm Tisch, zwischen meinen Beinen. Er nutzte die Vorteile meiner Strumpfhose ouvert.

Nach dem ausgezeichneten, wenn auch sündhaft teuren Essen, gingen wir hinunter in den Keller, in die sogenannte Disco. In drangvoller, echt ungemütlicher Enge saßen hier Prominente und auch Leute, die sich gern den Anschein von Prominenz geben. Leute, die einfach dabei sein möchten, wenn zum Beispiel die Claudia Schiffer und ihr Copperfield da sind. Alois hatte mir erzählt, daß dieses prominente Liebespaar sich hier öfter mal blicken lasse.

Ich war noch nie in einer Bar, wo die Hocker so eng nebeneinanderstanden wie hier. Uns war das natürlich gerade recht so. Wir saßen Schenkel an Schenkel. So nah saßen wir beisammen, daß Alois mich ungeniert da anfassen konnte, wo man normalerweise in einem Lokal nicht hinlangt!

„Laß uns jetzt ins Hotel fahren, ich will, ich muß dich endlich ganz haben!", flüsterte mir Alois nach meinem dritten Drink ins Ohr. Er war enorm heiß. „Klar! Glaubst du, mir geht es anders?! Ich und meine Möse, wir verlangen doch schon den ganzen Tag nach dir!"

Trotz der späten Stunde herrschte in der Halle des Nobelhotels immer noch reger Verkehr. Kein Hotelangestellter beachtete uns, keiner störte sich daran, daß ich mit Alois zu seiner Etage hinauffuhr. Man war hier sehr tolerant oder ganz einfach so beschäftigt, daß man keine Zeit fand, auch noch auf „die Moral" zu achten.

Im Zimmer fielen wir buchstäblich übereinander her. Wir waren gierig darauf, es nun endlich zu machen. Kein langes Vorspiel brauchten wir. Seine Erektion war gewaltig, meine Möse supergeil! Ich ließ mich in meiner Lieblingsposition ficken: Ich liege auf dem Bauch mit leicht angehobenem Po, er nimmt mich von hinten.

Das geht natürlich nur, wenn der Penis schön lang und vollsteif ist. Mit Alois ging es bisher immer, nur diesmal klappte es nicht. Kurz nach dem Einführen, nach den ersten Stößen schon verlor der Schwanz seine Steife. Immer wieder rutschte er heraus. Ich war überrascht, erstaunt, ich wurde ärgerlich. Wir gaben es auf. Was mich aufbrachte: Alois gab mir die Schuld für sein Versagen. „Deine Stacheln da unten, die tun meiner Eichel verdammt weh! So eine schlecht rasierte Möse kann ich einfach nicht ficken, dafür ist meine Eichel zu empfindlich, die erträgt diese Stoppeln nicht!"

Zugegeben, die total abrasierte Schambehaarung fing an, stoppelig nachzuwachsen. Möglich, daß einige der Stoppeln wie Stachel wirkten. Nur, ich rasier mich schon seit langem und noch nie gab es der Stoppel wegen Beschwerden, wurde ihretwegen der Verkehr abgebrochen. Ausgerechnet mit Alois passierte das! Aus, vorbei, für diesmal. Wir ließen es sein. Wir waren beide stinksauer. Wir legten uns schlafen, kehrten uns wütend die Rücken zu. Lange Zeit lag ich noch wach. Dachte sogar daran, für den Rest der Nacht in mein Hotel zurückzufahren. Nach kurzem Schlaf ungutes Erwachen. Ich war immer noch enttäuscht, verärgert. Ich ging ins Bad, kam dort glücklicherweise wieder einigermaßen ins Reine mit mir und zu einem vernünftigen Beschluß: Ich darf jetzt nicht stur sein, ich muß ihm entgegenkommen. Ich mag ihn doch, wir haben uns doch richtig gern. Also tat ich was richtig war und uns versöhnte. Zunächst rieb ich mich unten mit Babyöl ein. Dann ging ich ins Zimmer zurück, legte mich zu ihm. Zärtliches Streicheln, überall! Behutsames Schwanzverwöhnen mit dem Mund! Wir brachten einen wunderschönen Fick zustande. Gut-Morgen-Orgasmus, für mich, für ihn. Totale Versöhnung. Ich versprach Alois, meine Haare unten nie wieder zu rasieren. Seine empfindliche Eichel wird in Zukunft keine stacheligen Stoppel zu spüren bekommen.

Die schnellen Nummern und andere Tiefpunkte

Es gibt Tage, an denen ich für zwei Jobs oder auch nur für eine „schnelle Nummer" an die hundert und noch mehr Kilometer fahren muß. Das frißt Zeit, kostet Spesen, vom Stress erst gar nicht zu reden.

Doch solange meine Tätigkeit im Allfinanzgeschäft bei weitem nicht genug und vor allem nichts zuverlässig Sicheres einbringt, muß ich diese Kröte schlucken. Vielleicht müßte ich mich doch ganz und gar auf die Allfinanzsache konzentrieren. Das Anschaffen sein lassen? Dazu fehlt mir aber der Mut. Ich kenne die Mühen, Unwägbarkeiten, die Risiken des Versicherungs- und Immobiliengeschäftes nur zu gut! Man kann viel verdienen, wenn man sehr tüchtig ist und Glück hat. Als Callgirl hingegen kann man mit einem sicheren, gleichmäßigeren und deshalb im Schnitt besserem Einkommen rechnen, vorausgesetzt, man steht in Sachen Sex jenseits von „Gut" und „Böse".

Als Callgirl darfst du nicht die landläufigen moralischen Maßstäbe im Sex anlegen. Du mußt auch in der Lage sein, Liebe und Sex auseinanderzuhalten. Leicht fällt das keineswegs, und viele, wahrscheinlich die meisten Frauen sind dazu nicht fähig. Fähig, Liebe und Sex auseinanderzuhalten – ich bin's. Bin ich es wirklich?

Manchmal frage ich mich: Würde ich aufhören, Callgirl zu sein, wenn ich aller finanziellen Sorgen ledig wäre? Die Antwort, die ich mir gebe, lautet mal ja, öfter aber nein. Es mag sich unglaubhaft, zumindest seltsam anhören, doch es stimmt:

Ich hab mich nicht nur daran gewöhnt, sondern ich hänge daran, ein Callgirl zu sein. Nicht nur, weil die Jobs relativ sicher, relativ schnell Geld einbringen, sondern auch deshalb, weil ich es gern mache, Männer und mich sexuell zu befriedigen.

Zweierlei erleichtert mir das Callgirldasein: Ich toleriere die Männer und ich bin, so wie die meisten Männer auch, von Natur aus geil. Bestimmt wäre Sex für mich ein Hobby, wenn ich ihn nicht professionell, gegen Bezahlung ausüben würde! Weil ich also den Männern und dem Sex gegenüber grundsätzlich positiv eingestellt bin, ist es mir möglich, auch Tiefen zu verkraften.

Die Tiefen meines Metiers, dazu zähle ich nicht die Tatsache, daß Prostitution eine nach wie vor gesellschaftlich geächtete Tätigkeit ist, obwohl allein in Deutschland schätzungsweise weit über hunderttausend Frauen sie ausüben, obwohl Millionen Männer ihre Dienste in Anspruch nehmen!

Nein, ich fühle mich nicht diskriminiert, ich leide nicht an der verlogenen, heuchlerischen Diskriminierung!

Ich betrachte mich auch nicht als ein Opfer. Weder ein Mann noch die finanzielle Notlage haben mich gezwungen, mir mein Geld auf diese Weise zu verdienen, auf die ich es verdiene. Ich arbeite als Nutte, weil ich mich dazu entschlossen habe! Ich arbeite, mache meinen Job nach dem Prinzip: Ehrliche Leistung gegen ehrlich verdientes Geld. Natürlich gibt es in dieser Branche Opfer. Opfer krimineller Ausbeuter, Abzocker. Doch man muß den Haien nicht zum Fraß fallen.

Nein, wenn ich von Tiefen, besser, Tiefpunkten spreche, meine ich weder die verachtenswerte Diskriminierung noch auch die mögliche, jedoch vermeidbare Ausbeutung durch Kriminelle. Die Tiefpunkte, die ich meine, sind ungute Jobs mit unguten Freiern. Mit Freiern, die sich als krankhafte Sadisten entpuppen oder beim Liebemachen total versagen und dir die Schuld daran geben oder mit solchen, die dich wie Dreck behandeln.

Auch die sogenannten „schnellen Nummern" zähle ich zu den Tiefpunkten meiner Arbeit. Gewiss bringen sie schon schnell Geld, aber ich mag sie trotzdem nicht, hasse sie geradezu. Man fährt Stunden, um dann vielleicht für eine knappe halbe Stunde tätig zu sein. Im Bett der Ehefrau, in einem billigen Motel oder gar, wie es mir neulich passiert ist, im Wohnwagen eines Schrottplatzbesitzers. Oder in einem Büro auf dem Schreibtisch...

Aus den Telefongesprächen läßt sich eben zumeist nicht folgern, daß es eine „schnelle Nummer" sein soll, unter welchen Umständen, in welcher Umgebung der Job ablaufen wird. Vereinbart sind Termin, Treffpunkt, Honorar. Kommt man dann hin, kann es schon sein, daß man aus allen Wolken fällt.

Ein Beispiel:

Ein Geschäftsmann in Mannheim. Er nannte mir eine Adresse in der City als Treffpunkt und Jobort. Termin, recht angenehm: Spätnachmittag. Gewünschter Dienst: Vorspiel, Blasen, Fick von hinten.

Überraschung Nummer eins: Der vereinbarte Treffpunkt war ein großes Haushaltswarengeschäft. Ich ging trotzdem hinein, fragte nach Herrn N.N.. Ich wurde in ein Büro geführt, in einen von allen Seiten einsehbaren, leicht erhöht stehenden, in den Verkaufsraum hineinragenden Glaskäfig! Dort empfing mich Herr N.N.. Er war der Geschäftsinhaber. Vielleicht hat er über dem Laden eine kleine Wohnung? Das gibt es ja.

Überraschung Nummer zwei: Wir blieben im Glaskäfig. Hier also? Kein Sofa, keine Liege, kein bequemer Sessel – auf dem Schreibtisch, auf dem Boden? Herr N.N. ließ Jalousien herunter, sperrte die Tür ab. Er zog dann Schuhe, Hose, Unterhose aus, zeigte mir seinen Schwanz, reckte mir seinen Riesenständer entgegen. Ein ordentlich großer Penis, nur leider ein ungewaschener, fischig riechender, stinkender! Mich würgte es bei dem Gedanken, ihn blasen zu müssen. Schrecklich störte es mich, daß von draußen dauernd Gesprächsfetzen zu hören waren, daß man sich mitten im Geschäftsbetrieb befand.

Der Typ begann den Schreibtisch abzuräumen, bot dabei einen schon fast belustigenden Anblick: Unten splitternackt, oben Hemd und Krawatte! Sein großer Penis stand beachtlich, konnte mich aber nicht anmachen. Auch ich zog mich nicht ganz aus, ich machte mich nur unten frei.

Nachdem ich dem Penis den Gummi überzogen hatte, legte ich mich halb auf den Schreibtisch, forderte damit gleich zum Ficken auf, kürzte also die Prozedur ab – kein Vorspiel, kein Blasen. Nein, bloß das nicht!

Es ging noch schneller, als ich dachte: Kaum hatte der Mann seinen Steifen reingesteckt, er war gerade in voller Länge eingeführt, da kam es ihm auch schon!

Knapp 15 Minuten dauerte der Job. Der Mann war anständig, er bezahlte dennoch das volle, vereinbarte Stundenhonorar. Ich muß schon sagen, so etwas macht keinen Spaß. Solche Jobs sind für mich Tiefpunkte. Diese Schnellstnummer war übrigens durch Vermittlung Gernots zustande gekommen. Gernot, Amorbach – manchmal sind seine Vermittlungen recht seltsam und unerfreulich.

Gelinde gesagt, seltsam waren auch die zwei Freier, die mir Gernot in der Woche darauf vermittelte.

Der erste von den beiden, ich traf ihn in einer Autobahnraststätte, war ein junger Mann von abnormer Fettleibigkeit. Er ging nicht, er watschelte. Wir fuhren zu seiner Wohnung, ungefähr 30 Kilometer weit, ein Reihenhaus in einem Mannheimer Vorort. Da erwies es sich dann, daß dieser abnorm Dicke (ich hatte noch nie zuvor einen derart dicken Mann völlig nackt gesehen), was den Sex anbelangt, von enormer Ausdauer war! Er leckte mich fast 20 Minuten lang. Er beleckte meinen Kitzler so phantastisch gut, daß ich zweimal zu einem Orgasmus gelangte. Er fickte mich von hinten zirka 10 Minuten lang mit gleichbleibend starkem, absolut steifen Penis und ohne zu kommen. Er fickte mich anschließend über mir liegend, minutenlang, ohne zu kommen. Er lag tatsächlich über mir und nicht auf mir: Rücksichtsvoll stützte er seine zwei Zentner auf Armen und Ellbogen ab. Er schwitzte dabei fürchterlich. Sein Schweiß tropfte nicht, er rann auf mein Gesicht hernieder! Endlich gab er es auf. Ich denke, es war zu anstrengend für ihn, gleichzeitig seine zwei Zentner abzustemmen und mich zu stoßen. Es war bequemer für ihn und für mich, seinen Schwanz per Hand zum Spritzen zu bringen.

Was ich für den zweiten Freier zu tun hatte, war etwas, was ich nicht gern tue, was erfreulicherweise auch nur höchst selten verlangt wird: Ich mußte ihm voll und ganz die Ehefrau ersetzen, genauer gesagt, ich mußte Ehefrau spielen, in ihrer Wäsche, in ihrem Ehebett.

Hans, so hieß der Typ, erwartete mich in seinem Einfamilienhaus. Seine Frau befände sich auf Kur, erzählte er mir. Ich sähe ihr verblüffend ähnlich, hätte ihre Größe, ihre Figur.

Er führte mich gleich ins Schlafzimmer. Dort mußte ich mich nackt ausziehen, in ein Nachtgewand seiner Frau schlüpfen, ein sogenanntes Baby Doll. Knapper, durchsichtiger Slip, sehr kurzes, durchsichtiges Hemdchen. Ich sah im Spiegel der Frisierkommode, daß ich in diesem Baby Doll wirklich verführerisch sexy aussah.

Meine erste Aufgabe war es, unten im Wohnzimmer, es lag im Erdgeschoß, das Schlafzimmer befand sich im Obergeschoß, Staub zu wischen. Er saß in einem Sessel, schaute mir zu. Nach der „staubigen Arbeit“ hatte ich mich auszuziehen, mich von ihm im Bad, in der Badewanne stehend, einseifen und von oben bis unten gründlich waschen zu lassen. Das mache er immer so, das liebe seine Frau nach getaner Hausarbeit. Er frottierte mich trocken, wir begaben uns ins Schlafzimmer. Auf dem Bett seiner Frau liegend mußte ich nun vor ihm mit dem Massagestab seiner Frau onanieren. Daraufhin hatte ich ihn zu vögeln – in der Lieblingsposition seiner Frau, im Reitsitz. Ich war gerade dabei mich warm zu reiten, als er mich plötzlich abwarf, aus dem Bett stieß, aus dem Schlafzimmer wies. Ich rannte die Treppe hinunter, er folgte, unflätig schimpfend, Drohungen ausstoßend. Ich hätte das Ehebett seiner armen Frau besudelt, seine Ehe beschmutzt. Wenn ich mich noch einmal an ihn heranmache, würde er mich platt machen. Zitternd zog ich schleunigst meine Sachen an, fluchtartig verließ ich das Haus.

Ein Verrückter? Zweifellos ein Verrückter! Jedenfalls ein mieser, total blödsinniger Job. Ich schwor mir, mir nie wieder von Gernot einen Freier vermitteln zu lassen.

Noch ein Freier und noch ein unbefriedigener Job: Bernd aus Berlin, jung und dynamisch. Von Beruf sei er Marktforscher, sagte er.

Wir gingen zuerst in einen Club, in die Hardcore-Technoszene. Die Musik war extrem laut. Sie war mir zu laut, so laut, daß sie mir fast die Ohren wegfetzte. Dann führte Bernd mich in eine Kneipe und in noch eine Kneipe. Er erzählte viel, über's Nachtleben, über Mode, Werbung, Trends und Musik. Ein recht amüsanter Plauderer war dieser Bernd.

Zur Sache kamen wir erst lange nach Mitternacht, in seiner total gestylten Wohnung, auf einem Futon, einer japanischen Matratze, also knapp 15 Zentimeter über dem Parkettboden.

Von Vorspiel schien der Typ noch nie etwas gehört zu haben. Er wollte gleich rein, endlich, wie er sagte, seinen Ständer loswerden.

Die Sache dauerte keine fünf Minuten, denn er kam bereits, als ich noch dabei war, seinem Steifen ein Kondom überzuziehen. Total unbefriedigend für mich. Allerdings, zugegeben, ich hatte einen Insider-Club der Technoszene, dazu zwei intressante Kneipen kennengelernt und für knapp 5 Minuten „Arbeit" 300 Mark verdient.

Am nächsten Tag noch ein wirklicher Kotzbrocken. Ein Angeber und Neureicher, Oskar. Wir trafen uns in einem Nobelhotel in Berlin. Oskar sagte mir gleich: „Ich bin toll, ich bin total versaut, du wirst es gleich erleben". Er war wie besessen von dem Wort versaut. Ich mußte mir mehrmals üble Beschimpfungen anhören wie z.B. „Du versaute Hure, du!“. Mir wurde der Kerl schnell zuwider. Da ich schon das Honorar entgegengenommen hatte und eine Verpflichtung übernommen hatte, blieb ich bei diesem Totalversauten und spulte sein gewünschtes Programm schnell durch.

Sigbert.

„Eine wirklich gute Prostituierte versteht es, jedem Mann das Gefühl sexueller Stärke zu geben. Weil nur starke Menschen anderen das Gefühl von Stärke geben können, muß eine gute Prostituierte eine starke Frau sein. Sie ist sogar so stark, daß sie, ohne sich etwas zu vergeben, ohne etwas von ihrem Selbst aufzugeben, ihre Stärke zu verbergen vermag und dem Mann somit das Gefühl geben kann, er sei stärker, überlegener als sie!“

Vieles von dem, was Sigbert mir gesagt hat, fand ich so interessant, daß ich es aufgeschrieben habe, daß ich es wortwörtlich in einer Art Gedächtnisprotokoll festhielt.

Sigbert sprach aus, was ich mir schon manchmal dachte, wenn ich Zeit fand und Lust hatte, nachzudenken, über mich und das, was ich tue.

Dieser Mann hatte ungewöhnliche Ansichten. Er ist ein ungewöhnlicher Freier. Er betrachtet mich und mein Metier unter dem Aspekt der Wissenschaft. Unsere Treffen sind für ihn, das gab er ganz offen zu, Teil seiner Forschungsarbeit. Er erforscht das Verhalten der Prostituierten und ihrer Freier.

Obwohl sich das so verhielt, hatte ich noch nie das dumme Gefühl, für ihn nichts weiter als ein Versuchskanninchen zu sein. Er gehört zu den Freiern, die auch eine Prostituierte als Frau respektieren. Ich kann Wert und Wichtigkeit seiner Arbeit nicht beurteilen, aber, Wissenschaft hin, Wissenschaft her, ich darf sagen: Wir machten und machen phantastisch guten Sex miteinander! Klar, er bezahlt mich dafür, doch er belohnt mich nicht nur mit Geld, sondern auch durch Dank und Anerkennung.

Wir kennen uns bereits über ein Jahr. Wir kamen über eine meiner Sexmagazin-Anzeigen in Kontakt. Warum er gerade mich aus der Vielzahl von Inserentinnen herausgepickt hatte, Zufall? Wahrscheinlich. Auf jeden Fall ein glücklicher Zufall. Ich hatte noch nie einen Freier wie ihn: Er war der erste, er ist der einzigste, der mir jedesmal zum Abschied Blumen schenkt, der mit mir stundenlang und einfühlsam über mich und meine Callgirlarbeit spricht!

Na gut, auch unsere Gespräche gehören zu seiner Forschung. Meine Erfahrungen und Ansichten sind für ihn vielleicht nichts weiter als „wissenschaftliches Material". Dennoch betrachte ich unsere Gespräche als Gewinn auch für mich. Manches sehe ich deutlicher, klarer, anders als früher.

Was wir zusammen treiben, ist der ganz normale Geschlechtsverkehr. Analfick lehnt Sigbert ab. Er wäre auch gar nicht dafür gebaut, sein Schwanz ist zu dick. Sadomaso – er interessiert sich dafür, mehr theoretisch, erkenntnishalber, doch weniger praktisch. SM ist nicht das, worauf er persönlich steht. „Ich bin stark genug, das nicht zu brauchen", sagte er einmal. Für den Tatbestand, daß viele, daß immer mehr Männer auf SM stehen, hatte Sigbert eine „wissenschaftliche" Erklärung parat:

„SM wird immer mehr zur einzigen Möglichkeit für Männer, Frauen zu dominieren, sie spielerisch und ohne üble Folgen bis hin zur Erniedrigung zu dominieren! SM ist eine Möglichkeit, den Mächtigen zu spielen, auch dann, gerade dann, wenn man eigentlich ein Schwächling, ein Versager ist."

Sigbert fand es von daher auch leicht erklärbar, daß die meisten Männer, die auf SM geil sind, weder zu den echten Sadisten noch auch zu den wahren Masochisten gehören.

„Du mußt doch zugeben: Deine SM-Kunden sind in der Mehrzahl Männer, die daheim im Bett und überhaupt schwach sind und nur bei dir den starken Max spielen! Männer, die zudem sexuell normalerweise nicht viel oder fast gar nichts bieten können. Sie brauchen immer noch stärkere, sie brauchen ausgefallene Reize, um ihren viel zu kleinen Schwanz wenigstens zum Stehen bringen zu können! Dieses ganze lächerliche SM-Outfit, das ganze SM-Instrumentarium sind aber gar nicht der eigentliche, der wahre Reiz. Der besteht darin, daß man die Macht ausüben kann, eine Frau zu zwingen, das Spiel mitzumachen, sich den vom Mann gegebenen Spielregeln zu unterwerfen! Daß der Mann dafür bezahlen muß, das optimiert den Reiz, steigert das Machtgefühl: Man hat genug Geld, um sich die ersehnte Dominanz erkaufen zu können."

Mir erschien es zu zugespitzt, zu einseitig, nicht ganz der Wahrheit und meinen Erfahrungen zu entsprechen, doch es war was dran an dem, was Sigbert dozierte. Ist wirklich was dran?

Es trifft doch nur auf einige meiner SM-Kunden zu, daß sie rein um der Dominanz willen Sadomaso machen. Vielen macht es einfach Spaß, mal was anderes zu probieren. Ihre Frauen sind zu prüde oder zu unbegabt oder schlicht desinteressiert an neuen Sexerfahrungen, an interessanteren, wenn auch schwierigeren Sexvarianten! Also machen die Männer es mit mir. Ich habe Spaß daran, bin nicht prüde, bin begabt und geübt. Daß ich nicht billig bin, wird in Kauf genommen.

Natürlich gibt es dann auch die Männer, welche nicht in der Lage sind, auf normale, übliche Weise durch eine Frau sexuelle Befriedigung zu finden. Der Schwanz ist entweder zu klein oder zu groß. Oder es ist eine tiefwurzelnde Abneigung gegen vaginalen Verkehr gegeben.

Mann befindet sich, egal aus welchem Grund auch immer, in einem sexuellen Notstand – *Mann* hat die Erfahrung gemacht, daß SM ihn aus dem Notstand befreien kann – und *Mann* weiß, daß solche Befreiung ihm nur eine erfahrene Prostituierte bieten kann! Eine Kausalkette, die gerade dominante Männer zu Sadomaso führt. Erfolgreiche Unternehmer, Topmanager sind überdurchschnittlich häufig unter meinen SM-Kunden zu finden. Sie wollen, sie brauchen keine Machtspiele, wenn sie zu mir kommen, richtiger gesagt, sich mit mir treffen. Sie haben ein gesundes Machtbewußtsein, sind voll dominant. Was sie suchen, bei mir finden: „Ent-Spannung“ durch Sex!

Nein, in der Regel verlangen meine Freier nicht deshalb Sadomaso, weil sie mich ernsthaft dominieren möchten, sondern weil sie zusammen mit mir den größtmöglichen, den ihnen möglichen Spaß haben wollen. Ausnahmen gibt es, und sie bestätigen die Regel. Es gibt Freier, die echt sadistische oder masochistische Gelüste haben, krankhaft auf's Quälen aus sind, die bis an die Grenze des Erträglichen gehen oder sogar darüberhinaus gehen möchten. Gegen sie weiß ich mich zu schützen. Fast immer mit Erfolg.

Sigbert nimmt mir das nicht ab. Bis jetzt. Ich glaube, er hat eine Hypothese entwickelt, die er für wissenschaftlich hält, die er nun unbedingt bewiesen haben will. Jetzt, während ich das schreibe, wird mir klar, warum Sigbert sich auf einem Holzweg befindet: Er verwechselt Sadismus und Masochismus, die krankhaft sein können, mit Sadomaso als mögliche, interessante Spielart des Liebemachens.

Ein Perser, zwei Mafiosi und jede Menge Stress

O Gott, war dieser Mann schön! Ein Kitschbild von Mann. Ich habe es ihm auf's Wort geglaubt, daß er jede Frau schwach machen könne, wenn er nur wolle. Aber ich bin nicht „jede Frau". Meine zwei Berufe haben es mich gelehrt, kritischer, abgebrühter und auch anspruchsvoller zu werden, als man es als Frau normalerweise Männern gegenüber ist.

Freilich war Reza Baktiari, so hieß der Schönling, aus gutem Grund, aus dem triftigsten aller Gründe interessant: Er strahlte die Erotik des Geldes aus! Nur, und wirklich nur, allein des Geldes wegen kam es zum Kontakt. Reza sollte im Auftrag seines Onkels, eines superreichen, in London lebenden Exiliraners, in Deutschland Immobilien aufkaufen. Er suchte auch im Raum Karlsruhe/Mannheim nach kaufwürdigen Immobilien. Irgendwer, es muß ein Spaßvogel gewesen sein, hatte mich Reza empfohlen, als versierte Vermittlerin, als eine, die sich auskennt in der Region. Daraufhin rief mich Reza Baktiari an.

Ich fiel aus allen Wolken, tanzte dann aber doch an. Wir trafen uns in Bühl, im exklusivsten, teuersten aller badischen Nobelhotels. Unser Gespräch fand im eigens dafür reservierten Markgrafensalon statt. Stilvolles Ambiente für ein Gespräch, bei dem es um die Anlage von Millionen geht. Ein Geschäft, das für mich einige Nummern zu groß war. Ich sagte dem wirklich schönen, verblüffend jungen Perser gleich ehrlich, was über meine geschäftlichen Möglichkeiten gesagt werden mußte, daß sie unzureichend wären. Zu meiner Überraschung schockierte ihn das keineswegs. Er lud mich sogar zum Essen ein und sprach dabei kein Wort mehr über das Geschäft. Nicht seine Schönheit gefiel mir, sie empfand ich als unmännlich, zu süßlich. Es war sein Charme, den er entfaltete. Ja, nicht wegen, sondern trotz seiner Schönheit beschloß ich, ihn anzumachen. Ich mußte mich nicht anstrengen, es genügte, ihm etwas tiefer als bei Geschäftsessen üblich, in die Augen zu schauen, wie zufällig ab und zu seine Hände zu streifen, im Eifer des Gesprächs impulsiv meine Hand auf seinen Arm zu legen. Bereits beim Dessert war mir klar: Ich hatte ihn angemacht.

Da es ein schöner, angenehm warmer Spätherbsttag war, gingen wir nach dem Essen im Hotelpark spazieren. Wir redeten viel. Schließlich bot ich ihm unverblümt an, den Rest des Tages und die Nacht mit mir zu verbringen. Ich verschwieg auch nicht, daß ein Zusammensein mit mir seinen Preis hätte.

Der ersten Nacht folgten weitere, in Luxushotels in Frankfurt, Wiesbaden, Köln. Allerdings waren die Jobs mit Reza nur finanziell ergiebig, sexuell nicht gerade aufregend. In Sachen Sex fehlte es ihm an Phantasie. Er stand auf Bumsen und nichts sonst. Seine Phantasie in Sachen Geschäftemachen war hingegen von orientalischer Üppigkeit. Sie trieb die seltsamsten Blüten. So schlug er mir eines Nachts doch glatt vor, wir hatten gerade die übliche Bumsnummer hinter uns, mich an einem von ihm konzipierten Bordell-Projekt zu beteiligen. Er wolle eine Kette von Luxusbordellen aufbauen, Bordelle für Männer, Bordelle für Frauen, ja, auch für Frauen. Das wäre absolut neu, toll erfolgversprechend! Sein Onkel, der Milliardär, sei übrigens bereit, viel Geld dafür zu investieren. Das Projekt soll von Karlsruhe aus realisiert werden. Vorerst müßte ich in

Karlsruhe und dann in ganz Deutschland geeignete Räumlichkeiten sowie Grundstücke suchen. Geld spiele keine Rolle!

Das ganze Projekt, die Rolle, die ich spielen sollte – es ging mir zu weit. Ich war nicht daran interessiert mich diesem Perser und seinem Clan zu verbinden, eine Puffmanagerin zu werden.

Schluß mit dem Perser! Nein zu seinem Ansinnen, mich ins große Sexgeschäft hineinzuziehen. Organisierte, im großen Stil geschäftlich betriebene Prostitution, damit will ich nichts zu tun haben, weder als kleines, ausgenutztes Würstchen, noch als große, andere rücksichtslos ausnutzende Macherin. Ich will in Freiheit, in voller Unabhängigkeit meinem Sexgeschäft nachgehen.

Natürlich war und bin ich mir völlig klar darüber, daß den Geschäftemachern in der Branche eine wie ich, die übliche Zuhälterei ignorierende Freiberufliche, ein Dorn im Auge ist. Das, was mir in Düsseldorf danach zustieß, überraschte mich deshalb nicht.

Ich hatte, wie üblich, einen Termin mit einem Freier vereinbart, der sich Toni nannte, als Importkaufmann bezeichnete und mich in einer Pension nahe dem Rheinufer treffen wollte.

Er sprach fließend deutsch, wenn auch mit südländischem, wahrscheinlich italienischem Akzent. Am Telefon machte mich das nicht weiter stutzig. Ein ungutes Gefühl beschlich mich erst beim Betreten der Pension. Sie erschien mir ziemlich windig, nicht heruntergekommen, nicht unsauber, windig eben. Toni war hier als Signor Antonio bekannt. Er erwartete mich auf seinem Zimmer. Ein kleiner, drahtiger, dunkelhaariger Typ mit messerscharfem Vogelgesicht. Er war nicht allein. Ein dicker, schwabbeliger, breitgesichtiger, älterer Mann saß am Fenster. Zwei? Das war nicht ausgemacht.

„Gut, bene, wir haben einen Zuschauer. Er ist ein guter Freund von mir. Er bezahlt dich extra für's Zuschauen, also zier dich nicht. Extrakohle ist doch nicht schlecht, oder?" Ich zierte mich aber doch – nicht, weil ich prüde bin: Zuschauenlassen gehört oft zum Job, ist nichts Ausgefallenes, aber hier – nein!

Als ich gehen wollte, versperrte mir Signor Antonio den Weg. Er schubste mich zum Fenster, zum Dicken hin. Sein Freund möchte mir etwas zeigen und er hätte mir was Wichtiges zu sagen. Was der häßliche Fettkloß mir zeigte, war sein Schwanz. Ich mußte ihn blasen, mußte seinen Samen schlucken. Antonio hielt dabei meinen Kopf fest in beiden Händen. Ich hatte keine Chance, ich mußte das Zeug schlucken.

Was der Dicke mir sagte, jagte mir Angst ein: Entweder ich arbeite in Zukunft für seine „Firma" oder aber ich dürfe mich nie wieder in Düsseldorf blicken lassen. Sollte ich seine Aufforderung mißachten, sein Angebot ablehnen, mich trotzdem in Düsseldorf blicken lassen, ginge es mir sehr schlecht. Er sagte das mit ruhiger Stimme, ohne eine Spur von Erregung, eiskalt drohte er mir.

Bevor ich das Zimmer verließ, schlug mir Antonio ins Gesicht. Nicht mit voller Kraft, doch es tat weh. Ich nahm die Drohung, sie kam zweifellos von der Mafia, ernst, aber ich ließ mich nicht einschüchtern. Daß ich einige Wochen darauf meine Düsseldorf-Aktivitäten aufgab, hatte einen anderen

Grund: Das Arbeiten war dort einfach zu stressig, summa summarum auch zu unwirtschaftlich für mich.

Wie gesagt, mein Erlebnis mit den beiden Italienern erschreckte mich, machte mich vorsichtiger, aber es gab nicht den Ausschlag dafür, daß ich bald darauf das Planen und Wahrnehmen von Düsseldorf-Terminen „am Stück" sein ließ. Den Ausschlag dafür gaben Tage, wie diese:

Mittwoch, vormittags. Noch in Karlsruhe.

Alle Termine sind fest vereinbart. Die Abfolge – minutiös geplant. Vor Abreise nach Düsseldorf bereits zwei telefonische Absagen. Einen Ersatztermin kann ich schnell noch vereinbaren. Dann hetze ich zum Bahnhof.

Mittwochabend.

Düsseldorf. Infolge Absagen keine zwei Jobs, sondern nur einer. Und der ist nicht einmal ein halber: Der Freier hat entgegen der Vereinbarung nicht die ganze Nacht, sondern nur für zwei Stunden Zeit. Ich verdiene nicht, wie abgesprochen, 1500 Mark, sondern nur 500 Mark. Über die Hälfte davon schluckt die Übernachtung in meinem Hotel. Echt verdient habe ich also runde 200 Mark.

Donnerstag. Frühtermin 10 Uhr 30.

Ich sitze in der Hotelhalle, soll da abgeholt werden. Wiedermal ein Uwe. Hier oben wimmelt es von Uwes. Ich hab es nachgezählt: Im Schnitt sind von zehn Freiern fünf auf den Namen Uwe getauft. Der gerade aktuelle Uwe, er kommt aus Solingen, hat geschäftlich in Düsseldorf zu tun, will, so nahm ich an, zwischen zwei Geschäftsterminen eine schnelle, scharfe Nummer. Er rief kurz nach 11 Uhr im Hotel an, könne mich erst um 15 Uhr treffen. Ich sage, das geht nicht, 17 Uhr wäre in Ordnung. Er ist verärgert, jedoch einverstanden. Statt Liebemachen langer Spaziergang. Um Geld zu sparen: Mittagsimbiß bei McDonalds!

15 Uhr. Olaf. Er holt mich vom Hotel ab. Wir fahren zu seiner Wohnung. Er klagt während der Fahrt über Sodbrennen. Magenschwacher Typ. Als wir ankamen, kannte ich seinen Lebenslauf inklusive Zukunftspläne. Er wäre eigentlich Polizist, studiere momentan auf einer Verwaltungsakademie, strebte die höhere Polizeilaufbahn an. Schreibtischbulle. Im Bett alles andere als ein Bulle. Onanieren war sein Fall. Ich mußte mich vor ihm befriedigen, mit meinem Gerät. Ihm hatte ich es per Hand zu machen. Nur einmal. Sein Magen machte ihm immer mehr zu schaffen. Mir war auch nicht wohl. Die Matschsemmel von McDonalds lag mir im Magen. Wir brachen schon nach einer halben Stunde unsere Onanier-Session ab. Zurück ins Hotel.

Pünktlich um 17 Uhr ist Uwe da.

Wir gehen zu Fuß von meinem Hotel in ein nahe gelegenes Stundenhotel. Dort hatte er für die Stunde von 17 Uhr 30 bis 18 Uhr 30 ein Zimmer gemietet. Die Bude war ziemlich schmutzig. Verdreckter Teppichboden, Schmutzrand in der Badewanne. Uwe macht seine Sache gut… Vorspiel französisch, dann in üblicher Missionarsstellung. Danach Ficken mit Drehtechnik. Uwe hatte den Dreh raus: Sein Schwanz, ein mich auf das Angenehmste füllender Breitschwanz, blieb auch während der Drehungen in voller Länge drin.

19 Uhr. Termin mit dem Lückenbüßer. Ersatzjob? Jedenfalls war Dr. Hermann V., Arzt, eigens von Dortmund nach Düsseldorf gekommen, um mich endlich kennenzulernen. Wir

wollten uns schon lange einmal treffen. Nie hat es geklappt, dafür klappte es diesmal.

Hermann, auf den ersten Blick: Zu breites Westfalengesicht, zu breite Nase, zu breiter Mund, zu brave Frisur. Rotblondes, dünnes Haar. Helle, mehlfarbige Haut. Bemerkenswert blaue Augen.

Hermann, auf den zweiten Blick: Zu lange Jackettärmel, zu großes Oberhemd, zu massiger Schlipsknoten. Ein Mann, der zwar da, aber nicht präsent ist. Kein „Happy-Weekend-Typ". Konnte ja auch nicht sein: Unseren Kontakt knüpfte eine meiner seriösen Privatanzeigen, „Bekanntschaft, engere Partnerschaft nicht ausgeschlossen"! Wir hatten uns bereits Briefe geschrieben, Bilder geschickt. Sein Bild zeigte ihn als durchaus passablen Frühvierziger. Live war er eine Enttäuschung. Liebe machen mit ihm – kaum vorstellbar. Bezahlter Sex mit diesem Mann – undenkbar. Fehlanzeige. Kein Ersatzmann für einen ausgefallenen Termin. Wir gingen in ein thailändisches Restaurant. Nicht einmal ein interessantes Gespräch kam zustande. Er schien verklemmt, verspannt. Und er wich dauernd meinen Blicken aus. Er gehörte zu den Typen, die dir nicht in die Augen schauen können. Ich mag solche Männer nicht.

Freitag. Ein harter Tag. Volleinsatz: Zwei Vormittagstermine, ein Termin am Nachmittag, einer spätabends. Der Vormittagstermin Nummer eins fiel aus. Die Absage kam telefonisch in der letzten Minute. Der Vormittagstermin Nummer zwei: Ausnahmsweise in meinem Hotel. Manfred, angeblich ein höherer Beamter wozu weder sein körperliches Aussehen, noch sein Outfit paßten. Sehr lange Haare. Großkariertes jackett, grellbunte Krawatte. Beides kombiniert mit hellblauem Hemd, olivgrüner Hose, nachtblauen Socken, schwarzen Schuhen. Manfred schleppte ein Portable, ein Funktelefon mit auf's Zimmer. Ich fragte mich: Welcher höhere Beamte hat das nötig? Manfred war sehr nervös. Die Nervosität legte sich auch nicht, als er ein Bierchen gezischt hatte. Er trank aus der Flasche. Tut das ein Beamter? Dann zogen wir uns aus. Handspiel. Sein erstes Abspritzen. Ich wollte gerade erneut Hand anlegen, als sein Funktelefon summte. Fünfmal, Pause, dann ein sechstes Klingeln. Erst daraufhin nahm er ab. Ich hörte eine Frauenstimme quäken. Quäken? Es war schon mehr ein Keifen. Die Gattin? Seine Antworten waren typisch für einen gut dressierten Ehemann: „Ja" – „Nein doch" – „Aber ja doch" – „Ja, ja"! Ende des Gespräches. Ende für den Job: Er müsse sofort gehen, es täte ihm leid, aber da brennt gerade was an, in meiner Dienststelle und ich werde verstehen, daß er mir nicht das volle, vereinbarte Honorar zahlen könne! Unglaublich, aber wahr! Da wollte doch dieser Typ von den drei Hunderten, die er mir gegeben hatte, einen wieder zurück! Daraus wurde selbstverständlich nichts. Was geht es mich an, wenn bei einem Freier irgendwo irgendwas „anbrennt" und er mich deshalb im Job verläßt?

Nachmittag. Endlich ein befriedigender Job. Ich hatte es auch nicht anders erwartet. Ich kannte Jochen bereits. Es war unser zweites Treffen in seiner Wohnung. Jochen, groß, schlank, blond, nahtlos gebräunt. Enorm guter Schmuser. Einer, bei dem es mir bereits beim Vorspiel fast kommt. Einer, der meine Brüste zum Schwellen und meine Brustwarzen zum

Stehen bringt. Brustspiel war auch diesmal während des Vorspiels wieder angesagt. Ich rieb seine Warzen zwischen meinen benäßten Fingern. Wie kleine, runde Perlen standen sie ihm. Das sichere Zeichen dafür, daß ein Mann nun scharf gemacht ist, daß es an der Zeit ist, seinen Schwanz aufzunehmen. Jochen's Schwanz aufzunehmen – kein Kinderspiel. Für eine Frau, die unten eng gebaut ist, sogar eine schmerzhafte Prozedur! Ich schaffte es völlig problemlos, seinen wirklich arg dicken und zudem ungewöhnlich langen Penis aufzunehmen und zu verwöhnen. Wir fickten mit großer Lust, auch meinerseits, dreimal in einer knappen Stunde. Beim ersten Fick passierte ein Malheur: Das extrastarke und auch teuere 4-Mark-Kondom platzte während Jochen's Erguß! Beim zweiten und dritten Fick verpaßte ich seinem Großpenis jeweils zwei Gummis, was mich zwar insgesamt 20 Mark kostete, sich aber als absolut sicher erwies.

Freitagabend, Freitagnacht. Der Tiefpunkt. Doch der Reihe nach: Ein gewisser Hans-Georg, ein Krefelder, hatte mit mir telefonisch vereinbart, daß wir die Nacht vom Freitag auf Samstag in einem auf meinen Namen reservierten und von ihm bezahlten Zimmer verbringen, in einem Hotel in der Düsseldorfer Altstadt. Mir war das recht, damit ersparte ich mir eine Übernachtung in meinem nicht gerade preiswerten Hotel.

Ich verließ also am Freitagabend mein Hotel, fuhr mit dem ganzen Gepäck zum vereinbarten Hotel. Hans-Georg wollte so gegen 22 Uhr da sein, gleich auf mein Zimmer kommen. Das war übrigens tatsächlich bereits bezahlt. Ich hatte mich vorsichtshalber gleich beim Einchecken vergewissert!

Das Hotel war kein Stundenhotel, jedoch eine typische und nicht von den besten Gästen frequentierte Absteige. Laut lärmende Gäste, dünne, entsetzlich hellhörige Wände. Ich verbrachte eine schlechte, eine nahezu schlaflose Nacht, allein. Hans-Georg war nicht erschienen. Er hatte auch nichts von sich hören lassen. Kein Anruf, keine Entschuldigung. Hätte ich nur auf Honorar-Vorauszahlung bestanden! Noch nie zuvor war ich wütender in einem Hotelbett gelegen, bin ich wütender zurück nach Karlsruhe gefahren.

In Managerkreisen

Die Weitfahrer, Vielflieger, die supermobilen Manager, ein edles, doch gehetztes Wild! Von Termin zu Termin hetzen sie und maßlos langweilen sie sich zwischen ihren Terminen.

Einmal ist auch die längste Konferenz zu Ende, was kommt danach? In einer Bar sitzen, trinken, reden, trinken? Gleich ins Hotelzimmer abtauchen – allein? Ganz klar allein. Das Hotel ist pikfein und irgendwo schnell eine Nutte aufreißen, mit auf's Zimmer nehmen, das geht da nicht! Also wieder, wie immer, eine einsame, sowieso kurze Nacht. Schön wäre es allerdings schon, wenn Mann eine Frau neben sich hätte, eine, die bietet, was Mann von einer Frau erwartet. Eine, die sich perfekt auf's Liebemachen versteht, es dem Mann besser macht als seine Frau daheim. Die ideale Reisebegleiterin halt.

Reisebegleiterin, eine so schön, so seriös klingende Bezeichnung für eine Nutte der gehobenen Angebots- und Preisklasse. Nutte, wie ordinär! Häßlich geradezu. Reisebegleiterin, das hört sich entschieden besser an. Verständlich, daß in den gehobenen Managerkreisen „Nutte" out und „Reisebegleiterin" in ist. Wer es sich leisten kann, legt sich eine zu. Natürlich kann es die Sekretärin sein. Aber das kommt tatsächlich viel seltener vor, als Romanschreiber und Filmemacher es uns weismachen. Die Sekretärin zur Reisebegleiterin und damit zur Nutte machen, das führt in der Regel zu einer Büro- und Ehekrise, die letztendlich nur durch Entlassung oder Heirat gelöst werden kann, wobei der Heirat gewöhnlich die Scheidung der aktuellen Ehefrau vorausgehen muß. Kluge Manager wissen das und weil die meisten Topleute kluge Leute sind, kommt es auch selten vor, daß die Sekretärin zur Reisebegleiterin avanciert.

Nein, wovon Manager in einsamen Hotelbettstunden träumen, was sie sich so lebhaft vorstellen, daß sie wie Pennäler unter der Bettdecke Hand an sich legen, ist beileibe nicht die Sekretärin, sondern die ladyhafte, sexerfahrene, sexgeile, stets zum Liebemachen bereite Reisebegleiterin, die wirklich nichts anderes sein will, als eben das.

Wer zureichend Mut, sowie hinreichend Geld hat, beläßt es nicht beim Träumen. Er legt sich „so eine“ ganz einfach zu. Ganz einfach ist stark übertrieben. Es kann nämlich ziemlich schwierig sein, eine sogenannte Begleiterin zu finden.

Es gibt viele gute Nutten. Es gibt nur wenige, die sich als Reisebegleiterin eignen oder überhaupt eine sein möchten.

Nimmt man einen solchen Job an, ist man in vieler Hinsicht festgebunden, um nicht zu sagen, gefesselt. Man kann nicht heimgehen, sich in seine vier Wände zurückziehen, wenn der Job getan ist und vor allem ist man in Gefahr, die Todsünde jeder Prostituierten zu begehen: Gefühle für den Freier zu entwickeln, sich etwa sogar in ihn verlieben. Das ist das Problematische an der Reisebegleitung für die Nutte. Das Problem für den Mann ist, die speziell für ihn richtige Begleiterin zu finden!

Das läuft praktisch nur über Inserate. Die einfachste und auch erfolgversprechendste Tour ist die Auswertung einschlägiger Nutteninserate. Dazu muß man allerdings Sexmagazine kaufen. Das tun offenbar nicht wenige Manager. Wie wäre es sonst zu erklären, daß sich bei mir auf jedes meiner Inserate im schärfsten aller Sexmagazine bis zu einem Dutzend nach Reisebegleitung gierender Manager melden? Da sind Männer dabei, wirklich Bosse, echt hochkarätige Wirtschaftsleute, denen niemand zutrauen würde, daß sie auf einen Text wie diesen anspringen:

„Hobbynutte, faustgeil, devot/dominant, macht Haus/Hotelbesuche. Auch Reisebegleitung!“

Mein Angebot, illustriert mit einem Farbbild, das mich mit weit gespreizten Beinen und erkennbar, feuchter Lustspalte zeigt.

Wenn es um Reisebegleitung geht, selektiere ich selbstverständlich die Bewerber mit besonderer Sorgfalt und Vorsicht. Grundsätzlich lasse ich mich nur für Kurzbegleitung engagieren. Longtime-Begleitung lehne ich ab. Sie würde ja meine gesamte Arbeitsstruktur durcheinander bringen. Drei Tage, höchstens vier Tage, länger begleite ich nicht.

Alles in allem handelte es sich bisher um angenehme und obendrein sehr gut bezahlte Jobs. Angenehm auch deshalb, weil ich tagsüber Zeit hatte, mich in der jeweiligen Stadt umzuschauen, Galerien und Museen zu besichtigen, Shopping zu gehen. Es kommt selten vor, daß ich die ganze Zeit über auf dem Schemel sitzen, das heißt, im Hotelzimmer „in Bereitschaft“ sein muß.

Was die Reisebegleitung zusätzlich reizvoll macht (für mich jedenfalls): Ich werde nicht selten zu Geschäftsessen, Galadinners, Stehempfängen, aber auch in Konzerte und ins Theater mitgenommen. Was für mich vor allem reizvoll ist: Die Freier sind nicht nur geschäftlich potente Männer, sie sind es fast immer auch sexuell. Es gab noch Keinen, der mich im Laufe der zwei, drei oder vier Nächte nicht mehrmals zum Orgasmus gebracht hätte. Gute Männer, wirklich fast ausnahmslos.

Maximilian Schultheiß zum Beispiel:

Topmanager auf der Vorstandsetage eines internationalen Konzerns. Ein Mann wie aus einem Hollywood-Film. Bereits in der ersten unserer drei Nächte war mir klar: Der bringt alles, was zum guten Sex dazugehört! Maximilian hatte den durchtrainierten Körper, den ein Mann braucht, um geschickt und ausdauernd in allen denkbaren Stellungen Sex zu machen. Er duftete übrigens erregend gut, frisch, herb, am ganzen Körper, auch noch nach der dritten oder vierten Nummer! Er hatte einen großen, dicken Schwanz, einen Superpenis, der auch beim Pausieren nicht wegschrumpfte, einschrumpelte.

Wir ließen nichts aus. Vom gegenseitigen Onanieren über‘s Ficken in allen Variationen bis hin zu Wasserspielen. Maximilian's Wasserspiele: Wir gehen ins Bad. Er setzt sich in die Wanne, ich stelle mich über ihn. Er wichst meinen Kitzler, bis meine Pisse sich in Strömen über ihn ergießt. Sein dicker Schwanz ist jetzt noch praller und während ich Maximilian am ganzen Körper einseife, kommt‘s ihm, spritzt er aus dem beinahe senkrecht stehenden, fast bis zum Nabel hinauf sich streckenden Schwanz, sein Sperma ab!

Harro S. Schremke. Ein Mann, der Selbstbewußtsein und Stärke ausstrahlt, in einem Maße, wie ich es nur selten bei anderen Männern erlebt hatte.

Er war mir bekannt, aus dem Wirtschaftsteil einer Tageszeitung. Als er mich eines Tages anrief, rastete ich fast aus. Dieser Mann und ich! Unser erster Kontakt fand in einem Frankfurter Nobelhotel statt. Er lud mich nur zu einem Drink ein, prüfte, begutachtete mich per Augenschein. Das Kontaktgespräch war ein Stellvertreter-Gespräch. Einer seiner Assistenten sprach mit mir, besser gesagt interviewte mich. Daraufhin hörte ich einige Zeit nichts mehr. Bis dann an einem Sonntagnachmittag Harro S. Schremke mich persönlich anrief. Ob ich willens und bereit sei, ob es mir möglich wäre, ihn von Mittwochabend bis Sonntag auf einer Auslandsreise zu begleiten. Das Honorar, das er mir anbot, war exorbitant. Da das Honorar mir für einen Moment die Knie weich werden ließ, da der Mann mir auf den ersten Blick gefallen hatte, da ich ihn außerordentlich interessant fand, sagte ich zu. Ich hatte mich am Mittwoch, abends, am Stuttgarter Flughafen einzufinden. Dort wurde ich von seinem mir bereits bekannten Mitarbeiter in Empfang genommen und ohne jede Paßkontrolle schnurstracks auf's Rollfeld geleitet. Ich fühlte mich so richtig als V.I.P. Auf dem Rollfeld erwartete uns ein Firmenjet. Up and away nach Den Haag. Dort wurde ich in einem Luxushotel auf einer Supersuite „untergebracht". Vor der Suite standen zwei athletisch gebaute Typen mit auffällig ausgebeutelten Jacketts herum, die Body Guards. Ich war zunächst allein in der Riesensuite und sehr nervös. Meine Nervosität legte sich, nachdem ich ein ausgezeichnetes Essen genossen hatte. Zwei Kellner brachten es in den Salon, servierten es. Alles sehr, sehr nobel, wirklich. Aber ich blieb immer noch allein. Eine Stunde war vergangen seit meinem einsamen Dinner. Dinner for one.

Es ging mittlerweile auf 22 Uhr zu. Und dann war er da. Der gefürchtete, mit einem Rambo-Image behaftete Schremke. Er galt allgemein als harter Typ. Hart? Ich würde ihn eher unverschämt selbstbewußt, lässig selbstsicher nennen.

Er verstand es, unserer doch etwas eigenartigen Situation jede Peinlichkeit zu nehmen. Er entschuldigte sich für sein spätes Erscheinen. Er tat das sehr galant, aber auch mit einer Selbstverständlichkeit, die jeden Widerspruch ausschloß.

Er kam nicht sofort zur Sache. Er ließ uns Zeit, erstmal miteinander warm zu werden. Nachdem er sich in einem der beiden Badezimmer, die Suite hatte zwei Badezimmer, allerdings nur ein Schlafzimmer, also frisch gemacht und umgezogen hatte, saßen wir eine Weile beisammen, zuerst ein bißchen distanziert, aber schon bald wie zwei Freunde, die sich zufällig wieder einmal treffen. Er ignorierte, daß ich meinen Rock etwas höher rutschen ließ, daß ich meine Oberschenkel zeigte. Er blickte mir in die Augen, doch er starrte nicht auf meinen Körper. Wir sprachen über meine Sexerfahrungen, mehr aber über meine Hobbies, über's Lesen, über Tennis. Er bedauerte es, nur wenig Zeit für Lektüre und zum Tennis spielen zu finden. Small talk! Schließlich und endlich wurde es Zeit, zur eigentlichen Sache zu kommen. Er kommandierte mich nicht ins Schlafzimmer, er lud mich ein, es uns im Schlafzimmer bequemer, noch angenehmer zu machen. Er tat dies höflich, geradezu förmlich.

Bequemer, angenehmer! Daß dieser Mann tut, was er sagt, bewies er: Wir machten wirklich bequemen, angenehmen Sex miteinander! Wir küßten uns nicht auf den Mund, wir liebkosten nicht unsere Gesichter. Wir küßten und liebkosten die empfindlichen Stellen, die Lustpunkte unserer Körper. Wir vereinten uns nach langem, lustvollem Vorspiel in einer so angenehmen wie lustgebenden Stellung. Eine Stellung, die wir vorher ganz sachlich, gewissermaßen rein theoretisch be- und abgesprochen hatten. Ich muß sagen, mich geilte diese direkte, diese unverblümte und gerade deshalb kühl distanzierte Absprache richtig auf! Ich fand es auch geil, daß er, daß wir beide uns nicht duzten, sondern per Sie blieben. Er lag auf dem Rücken, Kissen unter'm Po. Ich hockte mich über ihn, meine Oberschenkel so weit gespreizt, daß er mit den Händen hindurchgreifen und meinen Po stützen konnte. Ich führte seinen Penis ein, ließ das lange Glied langsam in die Scheide gleiten. Harro schaukelte mich, mit beiden Händen meine Pobacken haltend, auf und nieder. Als ich spürte, daß meine Beinmuskeln die Kraft verließ, bat ich ihn, meine Pobacken auszulassen. Dann ließ ich mich mit gespreizten Oberschenkeln nieder, ohne dabei seinen Schwanz freizugeben. Langsam, genau in dem Rhythmus, den Harro vorgegeben hatte, bewegte ich mein Becken auf und ab.

Als wir müde wurden, legte ich mich mit dem Rücken auf ihn, deckte seinen Bauch, seine Brust, seinen ganzen Körper ab und spreizte die Beine. Er schob sein steifes Glied in meine Spalte, ließ es einfach ruhig drin und massierte meinen Kitzler. Ich kam zu einem wunderbaren Orgasmus, der ihn so erregte, daß es auch ihm kam.

Dieses Spiel spielten wir dann auch in den drei folgenden Nächten. Dasselbe Spiel, das gleiche Glück, allerdings nicht nur in Den Haag, sondern auch in Brüssel und in Paris. Was meine Zufriedenheit schmälerte, mich ziemlich frustrierte:

Ich mußte tagsüber im Hotel bleiben. Aus Sicherheitsgründen? Des Image wegen? „Ja, ja, meine Gnädigste, Damen, die meinen Chef begleiten dürfen, befinden sich gewissermaßen in Schutzhaft“, sagte mir der Assistent.

Im Hotel durfte ich mich bewegen, immer in Begleitung eines Body Guards. Die Stadt war tabu.

Mein Lieblingsfreier

Vieles nimmt mich für Tommi ein, mehr empfinde ich für ihn, als eine Hure für einen Freier empfinden darf!

Über ein Jahr liegt er nun bereits zurück, mein erster Job mit ihm. Job? Kann ich die Termine mit diesem Mann noch als Jobs bezeichnen, kann ich Tommi Freier nennen?

Gut, er bezahlt mich für's Liebemachen. Er gibt für unser Zusammentreffen mehr Geld aus, als jeder andere meiner Kunden. Klar, wir übernachten in den nobelsten, teuersten Hotels. Wir dinieren in den exqusitesten Feinschmeckerrestaurants... Ich frage mich: Warum tut er das? Weil es eben sein Stil ist? Weil ich ihm eine gute Nutte bin, eine Frau, die es versteht, seine sexuellen Schwächen zu überspielen, seine sexuellen Wünsche optimal zu erfüllen? Ja, ich bin die erste Frau, die seine Fickhemmung überwand, die er mit seinem Schwanz normal befriedigen konnte! Ich sage mir, daß dies für ihn viel bedeutet, doch nicht das Wesentliche unserer Verbundenheit ist.

Das Gefühl der Verbundenheit, ich bin sicher, genau dieses Gefühl führt ihn immer wieder zu mir und dieses Sichverbundenfühlen ist der Grund, daß ich mich auf jedes Zusammensein freue, ja Sehnsucht danach habe. Sehnsucht nach Tommi...

Geschäftlich, rein objektiv betrachtet, ist Tommi, der Unternehmer aus Duisburg, nichts weiter als ein Freier. Menschlich, rein subjektiv gesehen, ist er mehr, viel mehr, jedenfalls für mich. Was ist er? Freund? Geliebter? Nein, mein Geliebter ist er nicht. Könnte er es werden? Wäre es denkbar, daß wir nicht nur miteinander Liebe machen, sondern uns liebhaben? Fragen, die ich mir stelle, an denen ich während der Wochen zwischen unseren Treffen herumkaue. Wenn wir dann wieder zusammen sind, fühle ich mich fraglos wohl. Nur noch wohl!

Tommi strahlt ein Gefühl von Nähe aus, von einer Nähe, die nicht einengt, sondern Wärme und Weite gibt. Er verströmt eine fröhliche Aura, in der ich mich geborgen, auf seltsame Art daheim fühle. Gerade weil er so ist wie er ist, macht der Mann es mir auch irgendwie schwer! Schwer, mit mir und meiner Tätigkeit zurecht zu kommen!

Ich habe angefangen, andere Freier an ihm zu messen und manchmal sogar meine Callgirlarbeit grundsätzlich in Frage zu stellen. Macht das Liebemachen mich liebesunwillig und mit der Zeit liebesunfähig? Ich bin nicht willens, Tommi oder einen anderen Mann zu lieben. Würde ich willens sein, eines Tages, möglich, daß ich dann nicht mehr fähig wäre zu einer festen, tiefen Bindung. Liebe, ein Gefühl, daß dich dazu drängt, dich ohne wenn und aber zu binden. Aus Liebe mich an einen Mann fesseln, mich in einen goldenen Käfig sperren lassen – dazu bin ich noch nicht bereit.

Doch vielleicht dauert es nicht mehr lange und ich habe es satt, das Anschaffen als Sexlady. Immer häufiger werden die Tage, an denen ich mir denke: Oh, Tommi, warum bloß wollen, können, dürfen wir uns nicht lieben und unsere Liebe verwirklichen mit allem, was dazugehört. Ich werde deine feste Freundin, du läßt dich scheiden, wir heiraten vielleicht, leben auf jeden Fall in Zweisamkeit...

Unmögliche Gedankenspiele, Anflüge von Gefühlsverwirrungen sind das! Sie drängen sich mir vor allem dann auf, wenn mal wieder, nach dem Gesetz der Serie, ein unguter Termin dem andern folgt. Ich stelle fest, und das beunruhigt mich, daß mir immer schwerer fällt, ungute Jobs hinzunehmen, wegzustecken. Um ehrlich zu sein: Das liegt nicht nur an meiner Beziehung zu Tommi, sondern auch daran, daß ich finanziell nun endlich besser dastehe. Die Allfinanzsache bringt mehr ein. Ich könnte als Callgirl kürzer treten. Ich kann es mir erlauben, wählerischer zu sein. Ich denke aber nicht einmal im Traum daran, auszusteigen. Liebemachen bereitet einer naturgeilen Frau wie mir viel Spaß, eine Menge sexuelle Abwechslung, sexuelle Befriedigung! Um das zu bekommen, was mir als Callgirl geboten wird, müßte ich als Ehefrau dauernd die Ehe brechen, als Freundin oft fremdgehen und bereit sein, alle damit verbundenen Probleme in Kauf zu nehmen. Nein, da nehme ich es dann schon lieber hin, mich mit Freiern abzugeben, die mir nicht so ganz zur Nase stehen.

Ich habe die Wohnung gewechselt. Aus meiner viel zu kleinen Billigwohnung in eine größere, modernere, komfortablere Wohnung. Ich hatte die neue Wohnung praktisch komplett einzurichten. Die alte Möblierung war größtenteils sperrmüllreif. Einrichtung, Ausstattung, Möbelanlieferung, Handwerkertermine, das hielt mich auf Trab, kostete mich Zeit und Nerven.

Ich war gerade beim Einräumen des Wohnzimmers. In allen Zimmern standen Kisten, Körbe und Kartons herum. Ich war völlig verschwitzt, absolut aufgelöst, da läutete es. Oh Schreck, oh Freude: Tommi stand vor der Tür, hielt einen prachtvollen Blumenstrauß in den Händen! Ich hatte ihm bei unserem letzten Treffen meine neue Adresse mitgeteilt, ihm wohl auch gesagt, daß ich dieser Tage beim Einrichten und Einräumen bin. Daß er plötzlich auftauchte, damit rechnete ich nicht.

„Ich schaue fürchterlich aus. In der Wohnung ist es noch total ungemütlich..." „Aber Mona! Das macht doch nichts! Ich finde dich wunderschön!" Wunderschön? Abgewetzte Arbeitsjeans, durchgeschwitztes T-Shirt, ungeschminkt, die Haare wirr! Doch so, wie ich vor ihm stand, nahm er mich in die Arme, küßte er mich! Tommi war gekommen, um mich aus dem ganzen Durcheinander zu entführen.

„Ich meine, du hast eine Pause nötig und auch verdient. Du machst dich jetzt zurecht, packst dein Nachtzeug ein und wir fahren dahin, wo es wunderschön sein wird. Für dich und für mich! Morgen früh bring ich dich wieder zurück!"

Ein wunderbarer Vorschlag, den ich auch sofort annahm. Es dauerte keine halbe Stunde und ich war bereit. Er trug meinen Kosmetikkoffer und meine Reisetasche hinunter zu seinem Porsche. Ab ging's zu einem tollen Hotel an der Weinstraße. Schöner war es noch nie zuvor mit Tommi. Wir waren berauscht vom Glück unseres Zusammenseins, völlig von Sinnen waren wir vor Leidenschaft, Sex und Liebe! Ja, Liebe! Erstmalig ließen wir sie frei, explodieren, uns von ihr wegreißen! Liebemachen, Liebe spüren, für eine Nacht, für diese eine wunderbare Nacht.

Am Morgen danach brachte er mich zurück. Er wollte mir ein Kuvert zustecken, doch diesmal lehnte ich ab, Geld von ihm zu nehmen. Geld für diese unbezahlbare, schöne, kostbare Nacht – unmöglich!

Eine Krise, weiter nichts

Einige schlechte Wochen folgten dem Einzug in die neue schöne Wohnung.

Nach langer Zeit wieder einmal eine Krise. Eine Krise, nichts weiter. Diesmal wurde ich allerdings nicht von finanzieller Not, von brennenden Geldsorgen bedrängt. Obwohl die Angst davor in mir vorübergehend wieder hochloderte. Wie eine Krankheit, von der man sich geheilt glaubt, die jedoch wieder virulent wird, so fing meine Angst vor Not auf's Neue an mich zu quälen.

Nicht ganz grundlos: Noch stand ich auf einer dünnen, viel zu dünnen Eisdecke. Ich war zwar schuldenfrei, doch ich hatte noch immer keinerlei Reserven ansammeln können. Ich lebte und lebe praktisch von der Hand in den Mund. Gewiss, wenn das Allfinanzgeschäft sich auch weiterhin gut entwickelt, wenn ich die Kraft zum Anschaffen, vor allem aber die Lust am Liebemachen behalte, dann habe ich keine finanziellen Notlagen zu befürchten. Ja, wenn das Wörtchen „wenn" nicht wäre.

Ich stand noch nie und auch jetzt nicht auf festem Grund. Aber das konnte mich nicht hindern, weiter zu gehen. The show must go on, das Leben muß weiter gehen damit verdrängte, ignorierte ich die Unsicherheit, das Fehlen einer soliden Grundlage.

In den Wochen nach dem Umzug ließ ich es jedoch zu, das lähmende Nachdenken über meine Lebensumstände und meine Zukunftsaussichten. Eine innere Krise, ein sinnloses, nutzloses Sich-selbst-in-Frage-stellen! Wie schon gesagt: Einiges kam eben zusammen in diesen Wochen. Ein großes Immobilienprojekt platzte, einige Versicherungsanträge konnten nicht realisiert werden. Wochenlange Arbeit war für die Katz, Provisionen gingen flöten. Genau an dem Tag, an dem ich die Immobiliensache und damit eine fünfstellige Provision endgültig abschreiben mußte, kam der Anruf von Tommi.

Tommis überraschender Besuch in meiner neuen Wohnung, die wunderbare Nacht mit ihm im Hotel an der Weinstraße, meine Beglückung darüber war so groß und hatte über Wochen angehalten. Allmählich allerdings machte ich mir Gedanken, ängstliche, mich bedrückende Gedanken.

Tommi hatte, was noch nie vorgekommen ist, drei Wochen nichts von sich hören lassen. Meine Anrufe in der Firma blieben unbeantwortet. Laut Auskunft des Sekretariats ist Herr N. verreist. Herr N. befindet sich in einer Besprechung, Herr N. ruft zurück… Er war scheinbar nie da, denn es kam auf keinen meiner Anrufe sein Rückruf. Was war los?

Hatte ihn das Aufflammen, der Ausbruch unserer Liebe derart geschockt, daß er sich nun zurückzog? Ich war traurig, fühlte mich enttäuscht. Aber vielleicht tat er das Richtige. Konnten wir nach diesem Höhepunkt jemals wieder wie bisher zusammensein? Wollte, durfte er mich zu seiner Geliebten machen?

Nach drei trostlosen langen Wochen rief er endlich an. Ich hatte gerade begonnen, mich damit abzufinden, daß eben nicht sein kann, was nicht sein darf.

Eine volle Stunde dauerte unser Gespräch. Was Tommi sagte, bestätigte mir, was ich vermutet, befürchtet hatte. Es sei ihm bei unserem letzten Zusammensein klar geworden, weil alles so schön war, Erfüllung brachte, daß unsere Beziehung am Wendepunkt, am „point of no return“ angelangt ist! Er wisse nun, daß wir uns wirklich lieben! Aber seine Frau sei schwer krank, seine Kinder brauchen ihn mehr denn je. Das Unternehmen ist in einer Krise, jetzt sich eine Geliebte zulegen, jetzt sich mit einer Frau fest verbinden, einer Frau, die er und die ihn liebe – nein! Nein für diesen Moment jedenfalls. Er bat mich um Geduld, um eine Pause in unserer Beziehung. Er rechne mit meinem Verständnis…

Was sollte, was konnte ich tun? War denn je zu erwarten, daß Tommi anders handeln würde? Trotzdem, ein schwerer Schlag für mich. Er traf mich in einem Augenblick, wo gerade Tommi mir viel hätte geben können. Nun denn, irgendwie werde ich mich schon wieder fassen, obwohl es mir schwer fiel, Fassung zu bewahren. Alles lief nicht so recht. Ich war ziemlich von der Rolle.

Gernot aus Amorbach, wir hatten gerade unsere Partnerschaft gelöst. Ich stellte meine Inserate im „Happy-Weekend“ ein. Ich hatte es satt, wer weiß wo Terminen nachzujagen, stundenlang zu fahren, stundenlang in Hotels herumzuhängen, mich immer wieder über geplatzte Termine zu ärgern.

Ich beschloß, nur noch mit Kleinanzeigen in regionalen Zeitungen zu inserieren, meine Termine auf meine Stadt und ihre Umgebung zu beschränken. So allmählich bekam ich auch die Sache mit den Bekanntschaftsanzeigen in den Griff.

Allein schon die Briefe, die ich daraufhin bekam – sie ekelten mich an. Sie bestanden in der Mehrzahl aus hohlen Phrasen und leeren Versprechungen. Kommt es auf die wenigen Briefe, die mich einigermaßen ansprechen, zu einem Treffen, stellt sich in der Regel heraus, daß der Schreiber nicht hält, was sein Brief versprach.

Natürlich gibt es auch Ausnahmen: Männer, die tatsächlich nicht nur nett und freundlich schreiben, sondern auch in Wirklichkeit nette, freundliche Menschen sind. In rund einem Jahr habe ich durch Privatinserate knapp ein Dutzend solcher Männer kennengelernt. Erfreuliche Bekanntschaften, nicht mehr. Irgendwann kam auch bei diesen Männern der Punkt, an dem ich mir sagen mußte: Er hält nicht, was er verspricht! Das Schöne, wirklich Angenehme an meinen Sexkunden: Sie müssen mir nichts versprechen. Sie haben nur eine Verpflichtung: Das vereinbarte Honorar bezahlen! Insofern ist jeder Sexjob eine klare, saubere Sache. Der Hure müssen Männer nichts vortäuschen, nichts versprechen. Manche können's allerdings auch beim Liebemachen nicht lassen, aber mir tut das nicht weh, mich kann es nicht enttäuschen.

Allein deshalb denke ich nicht daran, das Anschaffen aufzugeben. Es ist ein ehrlicher Job und es befriedigt meine Geilheit! Um an das Aufgeben zu denken, müßte ich schon einen sehr starken Anstoß bekommen. Ein wirklich phantastisch guter Mann müßte meinen Weg kreuzen, ein zuverlässiger, ehrlicher, potenter, geistreicher, interessanter Mann, einer, der in jeder Hinsicht mein Typ ist.

Am Ende der Suche?

Hunderten von Männern habe ich geboten, was sie von mir verlangten, wofür sie mich bezahlten: Sex! Ich war und bin ein gut bezahltes Callgirl. Werde und will ich noch lange weitermachen mit dem Sexgeschäft?

Warum bin ich, Tochter aus gutbürgerlichem Hause, eine Frau mit exzellenter Schulbildung, eine diplomierte Betriebswirtin, warum bin ich Nutte geworden?

Gewiss, am Anfang stand, wie bei fast jeder Prostituierten, bittere Geldnot.

Jeder meiner Ehemänner hinterließ mir einen Berg von Schulden. Zweimal Ehedisaster, und jedesmal stürzte ich in einen Abgrund, aus dem es auf normalen Wegen kein Entkommen gegeben hätte.

Ich war zu stolz, bei meiner Familie zu Kreuze zu kriechen, vielleicht, wahrscheinlich sogar vergebens um finanzielle Hilfe zu betteln.

Ich war zu stark, um zu resignieren, mich einfach fallen zu lassen. Ich bin stark genug gewesen, mich auf dem steilsten, besser gesagt, abschüssigsten Weg hochzuarbeiten: Auf direktem Weg zur Prostitution!

Heute weiß ich, daß es für mich der einzige Weg war, um mich vom Schlimmsten zu befreien, was einem in unserer Gesellschaft zustoßen kann, von Geldschuld und Geldnot. Ich war überzeugt und bin es immer noch, daß einem eines bestimmt nicht verziehen wird: In Armut fallen und dann arm bleiben! Was soll's, ich habe mich herausgearbeitet, bin wieder hochgekommen, als Callgirl, als eine Frau, die für gerechten

Lohn Männern sexuelle Bedürfnisse und Wünsche erfüllt, die ihnen gibt, was sie von Ehefrauen und Freundinnen nicht bekommen, meist nicht einmal zu verlangen trauen.

Als Callgirl biete ich nicht nur meinen Körper an, ich stelle auch meine sexuellen Erfahrungen, mein sexuelles Können, meine sexuelle Kreativität zur Verfügung.

Ich bin stolz auf meinen „Nebenberuf". Aber bin ich auch zufrieden, gar glücklich? Was mir meine Arbeit an den Männern leichter, nicht selten direkt angenehm macht, daß ich grundsätzlich die Männer mag. Grundsätzlich hab ich Spaß am Sex, denn ich bin eine naturgeile Frau. Allerdings gelange ich mehr und mehr zu der Überzeugung, daß gerade ich deshalb niemals zu einer wirklich abgebrühten Prostituierten werden kann, wo die Männer nur Mittel zum Zweck (zum Geld verdienen) sind. Na gut, ich wurde aus Not Callgirl. Zugegeben, ich bereue das nur selten. Ich habe sogar Spaß am Liebemachen. Ich finde nicht wenige Freier echt sympathisch und geil und interessant! Wäre ich eine abgebrühte Prostituierte, müßten mir die Männer im Grunde egal sein. Solch eine hätte sich nie und nimmer in einen Freier wie Tommi fast verliebt und sie würde auch kaum mit Anzeigen in renommierten, seriösen Tageszeitungen nach einem Partner suchen!

Ja, ich bin auf der Suche nach dem besonderen „Jemand". Möglich, daß meine gutbürgerliche Herkunft dahintersteht, daß ich auch nach Jahren der Prostitution eine Frau geblieben bin, die sich nach der Liebe sehnt.

Einem Mann in jener Liebe verbunden sein, die sich zusammensetzt aus: Gewohnheit, Dankbarkeit, gemeinsam Erlebtem, aus der körperlichen Erfahrung, die von den zahlreichen Liebesstunden kommt, aus den zeitweilig aufflammenden Leidenschaften, aus der Vertrautheit, in der es keine Scham mehr gibt.

Doch davon werde ich wohl vergebens träumen. Will ich denn von einer solchen Verbundenheit träumen? Fragen, Fragen. Ich werde eben allmählich älter, obwohl ich mich nicht älter fühle, obwohl ich immer noch wie eine Enddreißigerin aussehe. Fraglos ist: Ich bin auf der Suche, nicht aus Unzufriedenheit mit meinem Leben, sondern weil es mich dazu treibt.

Kurz nach meinem 46. Geburtstag wurde ich auf eine meiner Chiffreanzeigen in der FAZ von einer Journalistin angerufen. Wie sie die Nummer aufspüren konnte, ich weiß es nicht. Sie bat mich um ein Interview über meine Erfahrungen mit Bekanntschaftsanzeigen. Ich war einverstanden.

Sie kam, sagte, daß sie für einen privaten Fernsehsender arbeite, daß der eine Sendung über Partnersuche machen werde und ich daran teilnehmen könne. Warum nicht, sagte ich mir. Und so ließ ich mich also vor laufender Kamera in meiner Wohnung interviewen. Ich machte dabei keinen Hehl daraus, wie enttäuschend meine Partnersuche bisher verlaufen war, wie sehr mich die Unaufrichtigkeit, die Angeberei, ja Verlogenheit der meisten Männer frustriert.

Was dann geschah beweist erstens die Macht des Fernsehens, zweitens die Einsamkeit so vieler Männer...

Körbe voll Briefe gingen in der Redaktion ein und wurden an mich weitergeleitet. Die Moderatorin hätte eben nicht sagen dürfen, daß ich noch zu haben sei! Kurzum: Nach etwa 14 Tagen stapelten sich über 500 Briefe bei mir! Wochenlang war ich damit beschäftigt sie zu lesen und mir zu überlegen, welche ich beantworten könne, solle, eigentlich beantworten müßte.

Die Briefe kamen aus allen Regionen Deutschlands. Sie kamen von Witwern, Singels, Geschiedenen oder in Scheidung lebenden Männern. Der älteste war 77!

Was alle Briefe auszeichnete: Sie waren warmherzig geschrieben, verrieten Einsamkeit, brachten Sehnsucht zum Ausdruck. Ich muß sagen, daß nur wenige der Briefe, die ich auf meine Anzeigen hin erhalte, die Qualität derer hatten, welche auf mein Fernsehinterview hin eingegangen sind.

Monate liegt das Ganze zurück. Immer noch bin ich dabei, die Brieflawine auszuwerten, das heißt, mich mit Briefschreibern zu treffen, sie zu prüfen. Stehe ich am Ende der Suche?

Großes Fragezeichen, denke ich an die Männer, die ich näher in Augenschein nahm, die ich prüfte, denen ich auf den Zahn fühlte, die ich auch sexuell erprobte. Wenn ich allein die Erlebnisse mit den Männern aus der Briefauslese aufschreiben würde, dann gäbe das ein weiteres Buch.

Kleines Fragezeichen, überhaupt kein Fragezeichen mehr, wenn ich an Klaus denke, mich mit Klaus verbinden würde.

Klaus.

Leider nicht in Karlsruhe, nicht in Mannheim, Stuttgart oder sonstwo in passabler Nähe, sondern in München daheim. Klaus ist Kunsthändler, nicht verheiratet, kinderlos, Endfünfziger mit dem Aussehen und der Vitalität eines Mittvierzigers. Kennengelernt haben wir uns an der Bar im Bayerischen Hof.

Kennengelernt – nun ja, ich hab ihn angemacht, er hat sich anmachen lassen. Augenflirt der heißesten Art. Nach einem meiner Treffen mit Alois. Klaus fiel mir auf, er stach mir geradezu in die Augen. Große, schlanke Figur, noch größer, noch schlanker erschien er in schwarzer Bekleidung. Schwarzer Anzug, schwarzer Rollkragenpullover. Schwarze, pechschwarze, leicht bläulich schimmernde, um eine Idee zu lange Haare. Ein schwarzer Ritter! Ein schwarzer Magier. Es war wie selbstverständlich, daß er mich ansprach, daß wir miteinander zum Essen gingen, daß wir danach beisammen blieben. Den ganzen Abend, die ganze Nacht. Ich zögerte keinen Augenblick, seiner Einladung in seine Wohnung zu folgen, in eine luxuriös, mit Geschmack, nach meinem Geschmack eingerichtete Dachwohnung über den Dächern der Münchner Altstadt. Ich hatte dasselbe Daheimgefühl, wie ich es immer bei Tommi empfand. Bei Klaus sogar etwas stärker.

Unser Verhältnis war zunächst eindeutig das zwischen Nutte und Freier. Schon bald, bereits während unserer ersten Nacht wurde es mehr, jedenfalls für mich. Dieser Mann faszinierte mich in solchem Maß, wie ich das noch nie zuvor erlebt hatte! Eine Faszination, die nicht nachließ, durch nichts gedämpft wurde. Wie war es nur möglich, daß mich dieser Mann derart fesseln konnte?

Es lag nicht am Sex. Wir streichelten und küßten uns in der ersten Nacht ja nur. Wir hatten keinen eigentlichen Geschlechtsverkehr und doch beide einen enormen Orgasmus. Es lag auch nicht an seiner hinreißend männlichen Erscheinung, und auch nicht allein daran, daß er sich geistvoll, wirklich geistreich mit mir unterhielt. Jedes seiner Worte verriet einen glasklaren, logischen Verstand und eine so umfassende, wie tiefgehende Bildung. Es war die Summe all dessen, was mich an Klaus faszinierte. Es war seine Aura.

Diesen Mann wollte, mußte ich wiedersehen! Klaus, mein Traummann?

Wie sieht er mich? Wie steht er zu mir? Nach unserem dritten Zusammensein, sagte er mir, daß ich mehr sei, als nur eine aufgeilend sinnliche, eine schöne und interessante Frau. Er könne sich vorstellen, daß ich endlich die Frau wäre, nach der er schon lange suche. Ernst nehme ich das nicht. Ich bin zur ungläubigen, zur hoffnungslosen Skeptikerin geworden, aber ich bin glücklich.

Ich bin glücklich, wie ich es schon sehr lange nicht mehr war, wie ich es vielleicht noch nie gewesen bin. Liebe? Nein, noch nicht, wahrscheinlich nie! Ich empfinde einfach ein Gefühl der Verzauberung, einer zauberhaften Harmonie. Ich fühle es, weiß es: Klaus ist etwas Vollkommenes. Unsere Verbindung ist etwas Vollkommenes. Nichts Vollendetes.

Vollendung. Ich glaube, das wird es nicht werden. Das möchte ich auch nicht. Vollendung wäre das Ende, wäre Bindung, damit ein Schlußstrich gezogen unter das bisher Gewesene. Nein, das ist es nicht! Noch nicht? Alles ist und bleibt offen.

ISBN: 3-9803897-0-7
Hardcover 12,5 x 20,5 cm,
144 Seiten,
Preis: DM 24,80,
öS 194,00, sFr 24,80

Obwohl fast ein Viertel aller Männer darunter leidet, ist Impotenz für sie das allergrößte Tabu. Diese absurde Scheu führt für die Betroffenen zu massiver Depression und emotionaler Vereinsamung. Doch auch die Frauen leiden darunter, denn sie suchen oft die Schuld bei sich.

ISBN: 3-9803897-1-5
Hardcover 12,5 x 20,5 cm,
192 Seiten,
Preis: DM 29,80,
öS 232,00, sFr 29,80

Die überwiegende Mehrheit der Frauen, so heißt es, kommt beim Partnersex nicht zum Orgasmus. Dabei stellen sie sich die bange Frage: Was läuft bei mir falsch? oder: Bin ich etwa frigide?
Dem setzt der Autor die These entgegen, daß Orgasmusschwierigkeiten kein Frauen-, sondern vor allem ein Paarproblem sind.

ISBN: 3-9803897-4-X
Hardcover 12,5 x 20,5 cm,
ca. 168 Seiten,
Preis: DM 29,80,
öS 232,00, sFr 29,80

Körperliche Zuneigung, Erotik, Sexualität – gibt es das im Alter überhaupt noch? Aber sicher: Gefühle müssen im Alter nicht welken, sie können sogar wachsen. Gespräche, Erzählungen und Interviews zeigen, wie reife Menschen die Sinnlichkeit genießen können: Sie beschreiben die Zeit der Zärtlichkeit.
Ein Buch voller Thesen, Tatsachenberichte und Träume.

ISBN: 3-9803897-5-8
Hardcover 12,5 x 20,5 cm,
168 Seiten,
Preis: DM 29,80,
öS 232,00, sFr 29,80

Der Umgang mit Sex ist von Kultur zu Kultur verschieden. Eine bestimmte Sexpraktik kann in der einen Gesellschaft bestraft, in der zweiten toleriert und in der dritten erwünscht sein.
Die Thesen des Autors zu diesem Thema, das noch nie so beleuchtet wurde, geben Anlaß zu Gesprächen und – wer weiß – auch zum Handeln.

GATZANIS